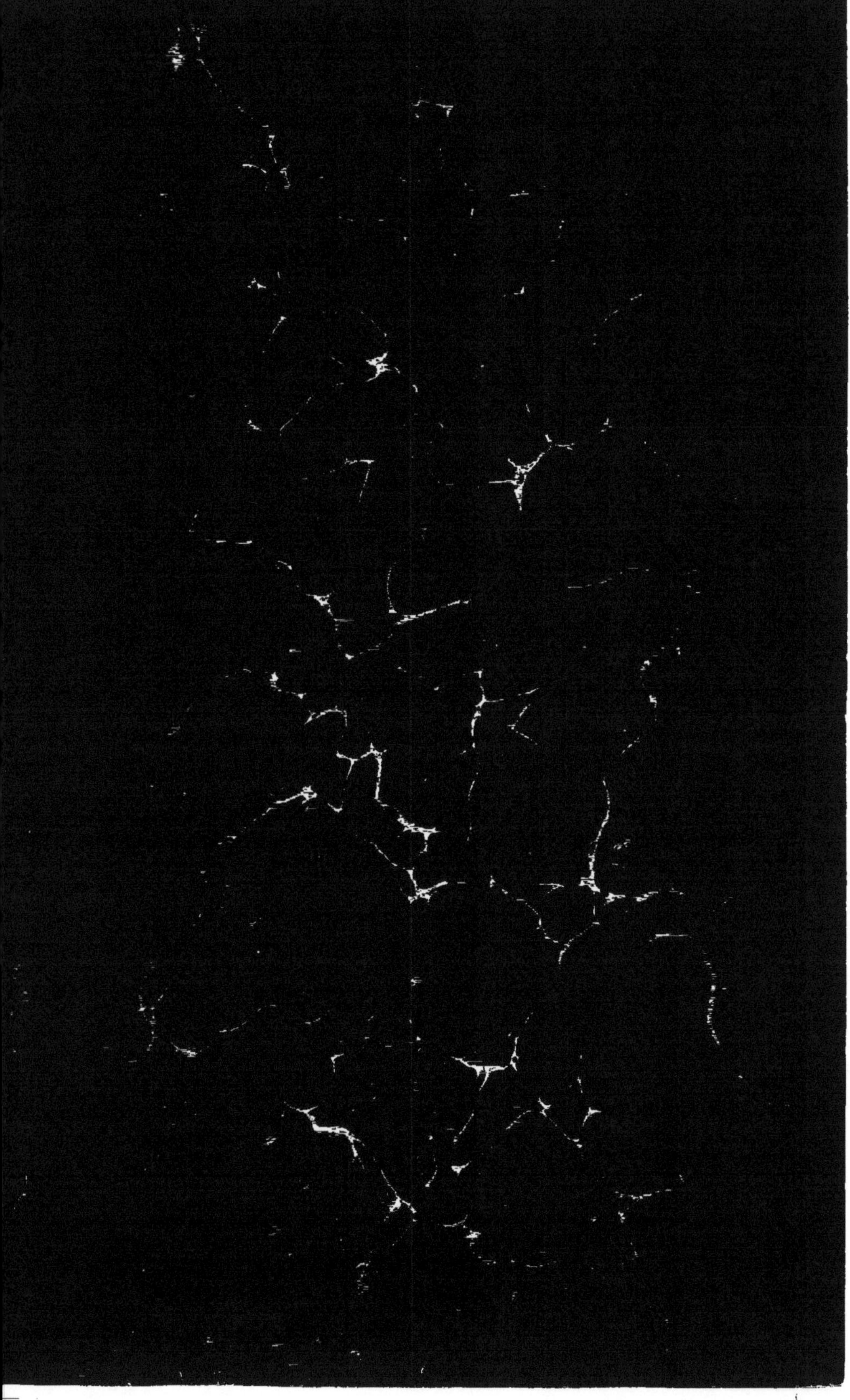

BIBLIOGRAPHIE

DES TRAVAUX

DE

MR A. DE MONTAIGLON

PROFESSEUR

A L'ÉCOLE DES CHARTES

BEAUX-ARTS — ARCHÉOLOGIE — HISTOIRE LITTÉRAIRE

CURIOSITÉS — POÉSIES

A PARIS

IMPRIMÉ AUX DÉPENS DES SOUSCRIPTEURS

NOVEMBRE M DCCC XCI

BIBLIOGRAPHIE

DES TRAVAUX

DE

Mᴿ A. DE MONTAIGLON

Il a été tiré :

1 exemplaire sur papier du Japon, offert à M. de Montaiglon.
184 exemplaires pour les souscripteurs, avec leurs noms imprimés.
16 — mis dans le commerce.

201 exemplaires, numérotés.

EXEMPLAIRE Nº 29

TIRÉ POUR LA BIBLIOTHÈQUE

DE

M. LE COMTE LOUIS DE MAS-LATRIE

J. Muller sc

BIBLIOGRAPHIE

DES TRAVAUX

DE

Mr A. DE MONTAIGLON

PROFESSEUR

A L'ÉCOLE DES CHARTES

BEAUX-ARTS — ARCHÉOLOGIE — HISTOIRE LITTÉRAIRE

CURIOSITÉS — POÉSIES

A PARIS

IMPRIMÉ AUX DÉPENS DES SOUSCRIPTEURS

NOVEMBRE M DCCC XCI

A MONSIEUR

ANATOLE DE MONTAIGLON

TÉMOIGNAGE

D'ESTIME

DE RECONNAISSANCE

ET

D'AFFECTION

28 NOVEMBRE 1891

LISTE DES SOUSCRIPTEURS

MM. Allemagne (Henry d').
Arnauldet (Thomas).
Asher (A.).
Aumale (Henri d'Orléans, duc d').
Auvray (Lucien).
Bauer (Frantz).
Begis (Alfred).
Bémont (Charles).
Bengesco (Georges).
Bibliothèque de la Comédie-Française.
Bibliothèque de la Ville de Paris.
Bibliothèque de l'École des Chartes.
MM. Bonaparte (Prince Roland).
Bonnassieux (Pierre).
Bonnault d'Houet (Bon Xavier de).
Bonnefon (Paul).
Bourel de la Roncière (Ch.).
Bourgeois (Alfred).
Bourmont (Cte A. de).
Bournon (Fernand).
Bruchet (Max).
Bruel (Alexandre).
Céard (Henry).
Champion (Honoré).

MM. Charavay (Étienne).
Chennevières (Mis Ph. de).
Chevrier (Maurice).
Clouzot (L.).
Cordier (Henri).
Corroyer (Édouard).
Cottin (Paul).
Couard-Luys (Émile).
Couderc (Camille).
Coulon (Lionel).
Courajod (Louis).
Couraye du Parc (Joseph).
Cousin (Jules).
Daudré (René).
Daumet (Georges).
Delaville le Roulx (Joseph).
Delisle (Léopold).
Mme Delore (Béatrix).
MM. Delore (Félix).
Depoin (Joseph).
Deprez (Michel).
Devrez (Désiré).
Dorez (Léon).
Dreyfus (Gustave).
Dufour (A.).
Dupuy (Ernest).
Durand (Georges).

MM. Durrieu (Paul).
Duval (Louis).
Enlart (Camille).
Farges (Louis).
Faucou (Lucien).
Forgeot (Henri).
Funck-Brentano (Frantz).
Mme Gastaldi (Béatrix).
MM. Gautier (Léon).
Gérard (Albert).
Gerbaux (Fernand).
Germiny (Maxime de).
Girard de Rialle.
Giry (Arthur).
Goll (Philippe).
Gonse (Louis).
Grand (Daniel).
Grandmaison (Charles de).
Grandmaison (Louis de).
Guiffrey (Jules).
Guigue (Georges).
Guilhiermoz (Paul).
Guillaume (Eugène).
Guillaume (Joseph).
Guillon (Adolphe).
Halphen (Eugène).
Hanotaux (Gabriel.
Havet (Julien).
Hochereau (Émile).
Huet (Gédéon).
Humbert (George).
Jacob (Omer).
Jouaust (D.).
Kaulek (Jean).
Kohler (Charles).
Krafft (Hugues).
Labande (H.).
Laborde (Mis J. de).
Lacombe (Paul).
Lafenestre (Georges).
Lahovary (C.).

MM. La Porte (Amédée de).
Lasnier (Germain).
Lasteyrie (Cte Robert de).
Lefèvre-Pontalis (Eugène).
Lefèvre-Pontalis (Germain).
Lelong (Eugène).
Lequatre (Georges).
Letainturier (Gabriel).
Le Vayer (Paul).
Lex (Léonce).
Luce (Siméon).
Mantz (Paul).
Marchegay (Alphonse).
Mme Marchegay (Lydie).
MM. Mareuse (Edgar), 2 *exemplaires*.
Marlet (Léon).
Marsy (Cte A. de).
Martin (Henry).
Marty-Laveaux (Ch.).
Mas-Latrie (Cte Louis de.
Maulde (René de).
Maxe-Werly.
Mazerolle (Fernand).
Mély (F. de).
Meyer (Paul).
Mirot (Léon).
Molinier (Auguste).
Molinier (Émile).
Morel-Fatio (Alfred).
Morinerie (Bon de la).
Moranvillé (Henri).
Muntz (Eugène).
Neuville (Didier).
Normand (Charles).
Normand (Jacques).
Nuitter (Charles).
Omont (Henri).
Paris (Gaston).
Parrocel (Étienne).
Pasquier (Félix).
Pécoul (Auguste), 2 *exempl.*

MM. Pélicier (Paul).
Perret (Michel).
Petit de Vausse (Ernest).
Piat (A.).
Picard (Alphonse).
Picard (Auguste).
Picot (Émile).
Planchenault (Adrien).
Poëte (Marcel).
Port (Célestin).
Portal (Ch.).
Prinet (Maxime).
Prost (Bernard).
Quantin (Albert).
Raynaud (Gaston).
Rébouis (Émile).
Richard (Alfred).
Richebé (Raymond).
Robert (Ulysse).
Rocquain (Félix).
Rouquette (P.).
Roy (Jules).
Rozière (Eugène de).
Sainte-Agathe (Cte Joseph de).
Sculfort (Henri).

MM. Sédille (Paul).
Sellier (Charles).
Sepet (Marius).
Séré-Depoin (E.).
Servois (Gustave).
Soyer (Jacques).
Spont (Alfred).
Stein (Henri).
Tamizey de Larroque (Ph.).
Tausserat (Alexandre).
Testard (Émile).
Teulet (Raymond).
Thierry-Poux.
Thomas (Antoine).
Tourneux (Maurice).
Tranchant (Charles).
Travers (Émile).
Tuetey (Alexandre).
Valois (Noël).
Viard (Jules).
Vicaire (Georges).
Villefosse (Étienne de).
Viollet (Paul).
Vollmöller (Karl).

LA PORTE DE L'HÔTEL CLISSON

BIBLIOGRAPHIE

DES TRAVAUX

DE

M. A. DE MONTAIGLON

BEAUX-ARTS

GÉNÉRALITÉS

1. Articles publiés dans le *Moniteur des Arts,* du 18 décembre 1846 au 31 janvier 1847, par M. Anatole de Montaiglon (Charles Robert). *Paris,* imprimerie Dondey-Dupré, 1847, in-8°; 75 pages.

C'est sous ce titre qu'ont été réunis en volume les premiers articles qu'ait écrits M. de Montaiglon ; chacun d'eux se retrouvera à sa place méthodique dans la présente *Bibliographie.* — M. Maurice Tourneux a bien voulu nous communiquer une lettre dans laquelle M. de Montaiglon lui faisait connaître que le pseudonyme Charles Robert était la réunion des prénoms de deux de ses camarades de collège : MM. Charles Hérelle et Robert Wheaton.

2. Archives de l'art français. Recueil de documents inédits
relatifs à l'histoire des arts en France, publié sous la direction de M. Ph. de Chennevières. *Paris,* Dumoulin, 1851-
1860, 6 vol. in-8°.

Les titres des tomes IV-VI portent en plus : « et continué sous la
direction de M. Anatole de Montaiglon, ancien élève de l'École des
chartes, membre résidant de la Société impériale des Antiquaires de
France ».

Le tome VI contient (p. 383-540) des *errata* et *addenda* pour ces
six volumes et une table alphabétique, le tout signé A. de M. —
Les tables chronologiques de la collection, également rédigées par
M. de Montaiglon, seront mentionnées au chapitre de la Bibliographie
et des tables.

3. Abecedario de P.-J. Mariette et autres notes inédites de
cet amateur sur les arts et les artistes. Ouvrage publié
d'après les manuscrits autographes conservés au cabinet
des estampes de la Bibliothèque impériale, et annoté par
MM. Ph. de Chennevières et A. de Montaiglon.
    T. I à VI. *Paris,* 1851-1860. 6 vol. in-8°.

Archives de l'Art français, t. II (1851-1853), t. IV (1853-1854),
t. VI (1854-1856), t. VIII (1857-1858), t. X (1858-1859), t. XII
(1859-1860).

4. Archives de l'art français. Recueil de documents inédits
relatifs à l'histoire des arts en France, publié sous la direction de M. Anatole de Montaiglon. Deuxième série. *Paris,*
Tross. Tome I, 1861, in-8°; 476 pages (dont une préface,
— pages 5-14, — signée Anatole de Montaiglon). Tome II,
1862, in-8°; 398 pages. L'*achevé d'imprimer* par D. Jouaust
est du « 1er de mars 1866 ».

5. Mémoires pour servir à l'histoire de l'Académie royale de
peinture depuis 1648 jusqu'en 1664, publiés pour la première fois par M. Anatole de Montaiglon, attaché à la

conservation des dessins du Louvre. *Paris,* Jannet, 1853,
2 vol. in-16; tome I, de xxiij et 195 pages; tome II, de
276 pages.

A la suite du titre du tome I, cette dédicace : « A Monsieur le
comte Émilien de Nieuwerkerke, directeur général des musées impé-
riaux, intendant des beaux-arts de la maison de l'empereur, hommage
respectueux de son dévoué serviteur : ANATOLE DE MONTAIGLON. —
Palais du Louvre, 8 juillet 1853. »

(Collection de la *Bibliothèque elzévirienne.*)

6. Procès-verbaux de l'Académie royale de peinture et de
sculpture, 1648-1792, publiés pour la Société de l'histoire
de l'art français, d'après les registres originaux conservés à
l'École des beaux-arts, par M. Anatole de Montaiglon.
Paris, Baur, puis Charavay, 1875-1889, 9 vol. in-8°.

> T. I (1648-1672); Baur, 1875.
> T. II (1673-1688); Baur, 1878.
> T. III (1689-1704); Baur, 1880.
> T. IV (1705-1725); Charavay, 1881.
> T. V (1726-1744); Charavay, 1883.
> T. VI (1745-1755); Charavay, 1885.
> T. VII (1756-1768); Charavay, 1886.
> T. VIII (1769-1779); Charavay, 1888.
> T. IX (1780-1788); Charavay, 1889.

Publication de la Société de l'histoire de l'Art français. — Le tome X
et dernier est en cours d'impression.

7. Liste des descriptions des ouvrages de réception des Aca-
démiciens (1648-1690) lues par Guillet de Saint-Georges
à l'Académie, communiquée par M. Benjamin Fillon et
annotée par M. de Montaiglon.

Nouvelles Archives de l'Art français, 1872, p. 238-245.

8. Sujets des morceaux de réception des membres de l'ancienne Académie de peinture, sculpture et gravure, 1648 à
1793, recueillis par M. Duvivier, de l'École impériale des

beaux-arts, d'après les registres de cette Académie, avec l'indication de l'emplacement actuel d'un certain nombre de ces ouvrages, par MM. Ph. de Chennevières, Eugène Daudet, attaché à la conservation de la peinture au musée du Louvre, et A. de Montaiglon, attaché à la conservation des dessins du même musée.

Archives de l'Art français, documents, t. II (1852-1853), p. 353-391.

9. Fête et service de l'Académie de peinture de Paris pour le rétablissement de la santé du roi, en 1687.

Réimpression, accompagnée de notes et signée A. de M., d'une plaquette de 1687, portant pour titre : *Description des tableaux et des autres ornements dont l'Académie royale de peinture et de sculpture a décoré l'église des Révérends Pères de l'Oratoire de la rue Saint-Honoré, où elle fait rendre grâces à Dieu pour la guérison du Roy.*
Revue universelle des Arts, t. X, 1859, p. 65-75.

10. Correspondance des Directeurs de l'Académie de France à Rome avec les Surintendants des Bâtiments, publiée, d'après les manuscrits des Archives nationales, par M. Anatole de Montaiglon, sous le patronage de la Direction des beaux-arts. *Paris,* Charavay, 1888-1889, 3 vol. in-8°.

    T. I (1666-1694), 1887.
    T. II (1694-1699), 1888.
    T. III (1699-1711), 1889.
Publication de la Société de l'histoire de l'Art français. — Le tome IV est en cours d'impression.

11. Notice d'un recueil manuscrit du XVIIIe siècle sur l'art de la peinture.

Bulletin du Comité des travaux historiques et scientifiques. Archéologie. Année 1885, p. 499-508.

12. Histoire de l'art pendant la Révolution, considéré principalement dans les estampes. Ouvrage posthume de Jules

Renouvier, suivi d'une étude du même sur J.-B. Greuze, avec une notice biographique et une table par M. Anatole de Montaiglon. *Paris,* Vᵉ Jules Renouard, 1863, in-8º; XXXI et 592 pages.

La « Notice sur M. Jules Renouvier », un peu différente de celle qui avait été publiée dans la *Gazette des Beaux-Arts* de 1861 (voy. nº 533), et suivie de la « Liste bibliographique et chronologique des ouvrages et des opuscules de M. Jules Renouvier », occupe les pages VI-XXIV; la table, les pages 529-590.

SALONS ET EXPOSITIONS

13. Le Livret de l'Exposition faite en 1673 dans la cour du Palais-Royal, réimprimé avec des notes par M. Anatole de Montaiglon, attaché à la conservation des dessins du Louvre, et suivi d'un essai de bibliographie des livrets et des critiques de Salons depuis 1673 jusqu'en 1851. *Paris,* se trouve à l'Exposition, et chez J.-B. Dumoulin, libraire, quai des Augustins, 13. Avril 1852, in-8º; IV et 87 pages.

14. Première Exposition de peinture et de sculpture à Paris, en 1673.

Revue universelle des Arts, t. IX, 1859, p. 229-244.
Réimpression pure et simple de l'ouvrage ci-dessus, moins les deux derniers paragraphes de l'introduction (p. IV), à partir de ces mots : « La seconde partie de ce petit volume... », et moins cette seconde partie même : « Essai de Bibliographie des livrets et des critiques des Salons depuis 1673 jusqu'en 1851 » (p. 15-87). — Rien, dans la réimpression faite par la *Revue universelle des Arts,* n'indique la publication antérieure de 1852.

15. Sur les Expositions du règne de Louis XIV.

Athenæum français, 2ᵉ année, nº 26, 25 juin 1853, p. 613.

16. Salon de 1800, ouvert le 15 fructidor an VIII (mardi 2 septembre 1800).

Communication d'une lettre de M. Magnès, alors ingénieur des ponts et chaussées à Carcassonne, sur ce Salon.

Revue de l'Art français, 1888, p. 9-10.

17. Des Critiques faites sur les Salons depuis 1699 et du Salon de 1810 de M. Guizot, par M. Anatole de Montaiglon. *Paris,* Dumoulin, janvier 1852, in-8°; 21 pages.

A la page 21, cette mention : « Extrait du journal *l'Artiste.* »

18. Exposition annuelle de l'Association des artistes peintres, sculpteurs, graveurs, etc.

Moniteur des Arts, n^os des 20 et 27 décembre 1846, des 3, 10, 17, 24, 31 janvier 1847. Articles signés Charles Robert, et réimprimés dans : *Articles publiés dans le Moniteur des Arts* (voy. ci-dessus, n° 1), p. 31-75.

19. Prix de sculpture et de peinture.

A propos du Salon de 1849. — Article du *Théâtre,* du 27 octobre 1849, signé Charles Robert.

20. [Articles sur les Salons de 1850.]

Publiés dans le journal *le Théâtre,* n^os des 8 janvier, 15 janvier, 22 janvier, 29 janvier, 12 février, 26 février, 8 mars, 26 mars, 2 avril, 9 avril, 10 mai, 17 mai, 24 mai, 28 mai et 4 juin 1851.

21. Concours de sculpture et de gravure.

Athenæum français, 1re année, n° 12, 18 septembre 1852, p. 185.

22. École des beaux-arts. Sculpture. Concours de 1852 et envois de Rome.

Journal des Beaux-Arts, 23e année, t. III, 15 septembre et 15 octobre 1852, p. 284-285 et 322-323.

23. Salon de 1852. Sculpture.

Journal des Beaux-Arts, 23e année, t. III, 12e livraison, 15 juin 1852, p. 185-190.

24. Salon de 1857.

Revue universelle des Arts, t.V, 1857, p. 523-558.

25. La Peinture au Salon de 1859.

Revue universelle des Arts, t. IX, 1859, p. 436-446 et 478-494.

26. Le Salon de 1875.

Gazette des Beaux-Arts, 16e année, 2e période, t. XI (1875), p. 489-521, et même série, t. XII (1875), p. 5-43 et 120-137.

Articles tirés à part sous ce titre : *Salon de 1875. Peinture et sculpture, par M. A. de Montaiglon. Aquarelles, dessins et gravures, par M. Louis Gonse. Paris, Gazette des Beaux-Arts* et Detaille, août 1875, grand in-8 de 107 pages. —Tiré à part à 100 exemplaires. — La partie traitée par M. de Montaiglon occupe les pages 1-90 du volume.

27. L'Architecture au Salon de 1876.

Gazette des Beaux-Arts, 18e année, 2e période, t. XIII (1876), p. 742-759.

28. Exposition universelle [1878]. La Sculpture.

Gazette des Beaux-Arts, 20e année, 2e période, t. XVIII (1878), p. 31-49 et 327-346.

29. Signatures et inscriptions des sculptures de l'Exposition de l'art au XVIIIe siècle (décembre 1883 et janvier 1884).

Article signé A. de M.
Revue de l'Art français, 1re année, 1884, p. 38-41.

MUSÉES

GÉNÉRALITÉS

3o. Musées de province.

Note signée A. M.
L'Intermédiaire, 1882, col. 570.

3i. [Observations, présentées à l'occasion d'une communication de M. Delignières, sur l'utilité qu'il y aurait à ce que, à l'exemple d'Abbeville, chaque musée de province possédât un cabinet d'estampes dans lequel seraient groupées des œuvres de graveurs du pays, s'il en existe, et, en tout cas, les portraits des personnages illustres et des vues topographiques se rattachant à la province.]

Réunion des Sociétés des Beaux-Arts des départements à la salle de l'Hémicycle, à l'École nationale des Beaux-Arts, du 11 au 15 juin 1889, 12e session, p. 35.

32. [Note, signée A. de M. et datée de Beaumont-le-Roger, 9 août 1874, sur le comte de Forbin, directeur général des musées de France.]

Nouvelles Archives de l'Art français, 1874-1875 [t. III], p. 459-461.

MUSÉES DE VILLES

(Ordre alphabétique.)

33. Une visite au musée de l'Académie de Bruges.

Moniteur des Arts, nos des 13 et 20 décembre 1846.
Articles signés C. R. (Charles Robert), réimprimés dans : *Articles publiés dans le Moniteur des Arts,* etc. (voy. ci-dessus no 1), p. 3-14.

34. Le Musée de Bruxelles, par M. Anatole de Montaiglon.

Paris, J.-B. Dumoulin, juin 1850, in-8°; 52 pages et 2 ff.
de titre non chiffrés.

« Extrait de *l'Artiste* des 1er, 15 mai et 1er juin 1850, et tiré à
100 exemplaires. »

35. Sur le musée de la ville de Gand.

Moniteur des Arts, n° du 17 janvier 1847.
Article signé Charles Robert, réimprimé dans : *Articles publiés dans
le Moniteur des Arts,* etc. (voy. ci-dessus, n° 1). p. 15-22.

36. Un Portrait hollandais du musée de Grenoble.

Note signée A. de M.
L'Intermédiaire, 1889, col. 392-3.

37. Réouverture du Louvre.

Le Théâtre, n° du 7 juin 1851.

38. Restitution à leurs véritables auteurs : le Tribolo, Pietro-
Paolo Oliviéri et Adrien de Vries, de trois statues du Louvre
et de Fontainebleau.

Athenæum français, 1re année, n° 24, 11 décembre 1852, p. 388-9.

39. Des nouvelles acquisitions du musée des dessins du
Louvre.

La Lumière, n°s des 4, 11, 18 et 31 décembre 1852.

40. La Salle des Muses [au Louvre].

Note signée A. de M.
L'Intermédiaire, 1874, col. 417-8.

41. [Observations présentées à la Société des Antiquaires de
France, séance du 31 janvier 1883, sur des chiens en bronze
du musée du Louvre.]

Bulletin de la Société nationale des Antiquaires de France, 1883, p. 88.

42. [Lecture à la Société des Antiquaires de France, séance
du 4 janvier 1871, d'une note de M. de Montaiglon sur
un exemplaire avec annotations manuscrites « d'un ouvrage
petit in-12, imprimé en 1775, et contenant une description
du musée du Capitole ».]

Bulletin de la Société nationale des Antiquaires de France, année 1871,
p. 6-7.

43. [Note « sur une épitaphe du seizième siècle, peinte sur
faïence, qui est conservée au musée céramique de Sèvres »,
lue à la Société des Antiquaires de France dans la séance
du 16 mai 1863.]

Bulletin de la Société impériale des Antiquaires de France, année 1860,
p. 89-91.

44. [Communication à la Société des Antiquaires de France,
séance du 19 juillet 1871, sur « une figurine gallo-romaine
en bronze » appartenant au musée de Soissons.

Bulletin de la Société nationale des Antiquaires de France, année 1871,
p. 12-14 (avec planche).

Tiré à part, avec une eau-forte de M. Paul Laurent, sous ce titre :
Notice sur une figurine gallo-romaine en bronze, du musée de Soissons, par M. Anatole de Montaiglon. *Paris*, imprimerie D. Jouaust,
1872, in-8 de 7 pages (avec planche).

Au verso du titre : « Cette notice, lue à la Société nationale des
Antiquaires de France dans sa séance du 17 (*sic pour* 19) juillet 1871,
a été imprimée une première fois dans son *Bulletin* de 1871. —Tiré à
200 exemplaires. »

45. Rapport sur une crosse épiscopale du musée de Soissons;
communication de M. Leclercq de la Prairie, correspondant
du Ministère à Soissons. (Séance du 19 avril 1875.)

Revue des Sociétés savantes des départements, 6e série (1876), t. II,
p. 201-203.

46. Notice sommaire des tableaux du musée de la ville de Tours. *Tours,* imprimerie Mazereau, 1881, in-12 de IV et 131 pages.

Il est dit dans la préface (p. III) que cette notice, résumé du travail complet destiné à l'*Inventaire des richesses d'art de la France* (voy. le n° suivant), est l'œuvre de MM. Félix Laurent, conservateur du musée, et Anatole de Montaiglon.

47. Musée de Tours.

Inventaire général des richesses d'art de la France, province, tome V, monuments civils, p. 307-408.

Signé, à la page 398, Félix Laurent et Anatole de Montaiglon. Tiré à part sous ce titre : *Histoire et description du musée de Tours,* par Félix Laurent... et A. de Montaiglon, membre de la Commission de l'Inventaire des richesses d'art de la France. *Paris,* Plon, s. d. (1890), grand in-8 de 104 pages.

COLLECTIONS ET VENTES DE TABLEAUX

48. Rapport de la commission chargée d'examiner la proposition de M. Gruyer relative à la publication des inventaires des tableaux du roi en 1709 et 1722.

Bulletin du Comité des travaux historiques et scientifiques. Archéololologie. Année 1883, p. 89-93.

49. La Galerie de tableaux du Régent.

Paris-Artiste, n° du 2 mai 1872. Article de douze colonnes, accompagné de deux tables alphabétiques : l'une des noms des possesseurs des tableaux achetés par le Régent, l'autre des noms de peintres.

50. Catalogue des collections de Michel Begon, communiqué par M. Georges Duplessis [et annoté par M. de Montaiglon].

Archives de l'Art français, 2e série, t. II (1862), p. 45-51.

51. [Introduction de douze lignes, signée A. de M., à la

publication d'un « Inventaire des tableaux de M. François de Boyer, seigneur de Bandol ».]

Archives de l'Art français, 2ᵉ série (Tross), 1861, t. I, p. 325.

52. Catalogue des tableaux de Sans-Souci.

Note signée A. M.
L'Intermédiaire, 1874, col. 162.

53. Vente de M. Diaz.

Article du *Temps* du 20 mars 1849, signé Charles Robert.

54. Ventes de tableaux.

Vente de la galerie de M. Joseph Fau. — Article signé C. R.
Le Théâtre, nº du 16 janvier 1850.

55. Vente des tableaux anciens de M. Kalkbrenner.

Article signé Charles Robert.
Le Théâtre, nº du 23 janvier 1850.

56. Chronique des ventes de tableaux. — Ventes Mosselmann et Marilhat.

Article signé Charles Robert.
Le Théâtre, nº du 22 décembre 1849.

57. Ventes Papety et du prince de Wurtemberg.

Article signé Charles Robert.
Le Théâtre, nº du 6 février 1850.

ŒUVRES D'ART EN PARTICULIER

58. [Observations présentées à la Société des Antiquaires de France, séance du 17 novembre 1886, sur le camée dit de Vienne.]

Bulletin de la Société nationale des Antiquaires de France, 1886, p. 262.

59. Portrait de Marie de Bourgogne.

[Note signée A. de M.]
L'Intermédiaire, 1882, col. 636.

60. Statue de Vénus, offerte à François Ier en 1531. [Document publié par M. A. de Montaiglon.]

Archives de l'Art français, documents, t.V (1857-1858), p. 334.

61. Épigrammes de Clément Marot sur une statue de Vénus offerte à François Ier en 1531.

Archives de l'Art français, documents, t. VI (1858-1860), p. 77-78.

62. [Observation présentée à la Société des Antiquaires de France, séance du 31 mars 1886, à propos d'une empreinte de sceau aux armes du cardinal Cibo.]

Bulletin de la Société nationale des Antiquaires de France, 1886, p. 122.

63. Rapport sur le dessin d'une horloge de la fin de la Renaissance. Communication de M. le comte de Gourcy. Par Anatole de Montaiglon.

Revue des Sociétés savantes des départements, 5e série (1870), t. I, p. 147-148.

64. [Introduction, signée A. de M., à la publication d'une lettre de Denys Godefroy au sujet d'un portrait du général J. Banier.]

Archives de l'Art français, 2e série (Tross), t. I, p. 187-189.

65. Une signature à expliquer (1679).

Note, signée A. de M., sur l'explication de la mention C. D. S., 1679, lue sur « une petite sculpture française en bois ».
Revue de l'Art français, 2e année, 1885, p. 92-93.

66. Médaille de Henricus Petri.

Note signée A. de M.
L'Intermédiaire, 1885, col. 733.

67. Un Buste de M. de Vallière [au Musée de Tours].

Note signée A. de M.
L'Intermédiaire, 1880, col. 131-2.

68. Résumé des quatre leçons faites par M. Charles Robert [M. A. de Montaiglon], dans les salons de l'Union, sur le *Faust* de Gœthe dans la peinture.

L'Intelligence du 16 mai 1849, article signé Charles Robert.

TRAVAUX SUR LES ARTISTES EN GÉNÉRAL

69. Essai de dictionnaire des anciens peintres français pendant le moyen-âge. Thèse soutenue par Anatole de Courde de Montaiglon.

Les positions seules de cette thèse ont été publiées. Elles se trouvent dans la brochure portant pour titre : *École nationale des Chartes. — Thèses soutenues (le 8 avril 1850) par les élèves de la promotion 1847-1850 pour obtenir le diplôme d'archiviste-paléographe. Paris*, Didot, 1850, in-8 de 20 pages. — Les positions de M. de Montaiglon occupent les pages 1 et 2. Elles ont été également imprimées dans la *Bibliothèque de l'École des Chartes*, 3e série, t. I (1849), p. 367-8.

70. Un livre annoté.

Relevé de quelques notes trouvées sur un exemplaire de l'*Abrégé de la vie des Peintres*, d'Alexandre, 1806.
Journal des Beaux-Arts et de la Littérature, 16 mai 1873.

71. Mémoires inédits sur la vie et les ouvrages des membres de l'Académie royale de peinture et de sculpture, publiés, d'après les manuscrits conservés à l'École impériale des beaux-arts, par MM. L. Dussieux, E. Soulié, Ph. de Chennevières, Paul Mantz, A. de Montaiglon, sous les auspices de M. le ministre de l'intérieur. *Paris*, Dumoulin, 1854, 2 vol. in-8°.

La Société de l'histoire de l'Art français a publié postérieurement la table alphabétique des noms de lieux et celle des sujets et matières, signées Anatole de Montaiglon, et destinées à former les pages 478-514 du tome II.

72. Ce qui se trouve sur l'histoire de la peinture dans un livre sur l'histoire de la musique.

Reçus du miniaturiste Francesco di Giovani, des Bassan et de Luca Giordano, pour des peintures exécutées au mont Cassin. — Article signé A. de M.

Journal des Beaux-Arts et de la littérature (de Belgique), 1864, p. 33-34 (no du 6 mars).

73. [Note, signée A. de M., sur la publication de diverses lettres d'artistes français.

Nouvelles Archives de l'Art français, 1874-1875 [t. III], p. 447-448.

74. [Observation fournie à la Société des Antiquaires de France, séance du 15 juin 1887, sur le sens du mot *artifex*, indiquant « la qualité du moine qui exerçait l'art d'écrivain dessinateur ».]

Bulletin de la Société nationale des Antiquaires de France, 1887, p. 209.

75. [Renseignements sur quelques peintres anciens : *Vensœus* [Le Vinci], *Hans Holbein* et *Georgius Reperdius*, de Lyon.

Revue universelle des Arts, 1858, t.VIII, p. 81-83.

76. [Note de dix lignes, signée A. de M., précédant un article du baron de Girardot sur « les artistes de Bourges, depuis le Moyen Age jusqu'à la Révolution ».]

Archives de l'Art français, 2e série (Tross), 1861, t. I, p. 209.

77. Lettre du dauphin Louis relative à la demande qu'il fait d'un peintre verrier (Grenoble, janvier 1457) ; document communiqué par M. Benjamin Fillon [et commenté par M. de Montaiglon].

Nouvelles Archives de l'Art français, 1872, p. 137-138.

78. État des gages des ouvriers italiens employés par Charles VIII, publié d'après un manuscrit de la Bibliothèque nationale, communiqué et annoté par M. A. de M.

Archives de l'Art français, t. I (1851-1852), p. 94-128.

79. De quelques artistes bolonais célèbres en 1504; traduction d'un passage du *Viridario* de Philotheo Achillini.

Revue universelle des Arts, 1859, t. X, p. 463-467.

80. [Observation présentée à la Société des Antiquaires de France, séance du 20 janvier 1886, et ayant pour objet de conclure que « les artistes de la Renaissance faisaient des imitations, et non des contrefaçons de l'antique ».]

Bulletin de la Société nationale des Antiquaires de France, 1886, p. 69.

81. Gages d'artistes et d'ouvriers au service de Henri II, 1549-1551. Document communiqué par M. Anatole de Montaiglon.

Nouvelles Archives de l'Art français, 1872, p. 167-169.

82. Liste des artistes protestants tués à la Saint-Barthélemy dans les villes de Paris, de Troyes, de Lyon et de Rouen, extraite de l'*Histoire des Martyrs*, par M. A de Montaiglon.

Archives de l'Art français, documents, t. V (1857-1858), p. 363-366.

83. Note sur des épigrammes latines relatives à des peintres du XVIe siècle.

Revue universelle des Arts, 1858, t. VIII, p. 81-82.

84. Quittances de peintres, sculpteurs et architectes français (1535-1711), extraites par M. Ulysse Robert de la collection de quittances provenant de la Chambre des comptes, conservée au département des manuscrits de la Bibliothèque nationale, augmentées de quittances communiquées par feu

Jules Boilly et par MM. Étienne Charavay, Benjamin Fillon,
Carlo Morbio de Milan, Eugène Muntz, et accompagnées
de quelques notes par M. A. de M.

Nouvelles Archives de l'Art français, 1876 [t. IV], p. 1-81, *passim.*

85. Petites pièces extraites de différents recueils de poésies et
relatives à des artistes du XVIe au XVIIIe siècle (Claude
Corneille, Jean Orneau, Jean de Gourmont, Valdor, Claude
Vignon, Charles Le Brun, Nicolas Robert, le Cavalier Ber-
nin, Nicolas Colombel, Vario, Mlle Chéron) ; article de
M. Anatole de Montaiglon.

Nouvelles Archives de l'Art français, année 1872, p. 109-123.

86. Rapport sur une communication de M. Luillier, portant
pour titre : « Noms d'artistes français des XVe, XVIIe et
XVIIIe siècles, relevés sur des documents inédits dans les
archives de la Brie. »

Revue des Sociétés savantes des départements, 5e série (1873), t. IV,
p. 489-494.

87. Rapport sur des communications manuscrites de M. Eugène Muntz, relatives à divers artistes français des XVIIe
et XVIIIe siècles.

Revue des Sociétés savantes des départements, 6e série (1875), t. I,
p. 80-91.

88. Artistes taxés pendant la Fronde de Paris (1649).

Note signée A. de M.
Revue de l'Art français, 2e année, 1885, p. 138-139.

89. Confrérie de la nation flamande à Saint-Hippolyte et à
Saint-Germain-des-Prés de Paris (1626-1691).

Analyse et extraits du catalogue des membres de cette confrérie, au
point de vue de la biographie des artistes.
Nouvelles Archives de l'Art français, 1877 [t.V], p. 158-163.

90. Note sur les artistes français contemporains, remise par l'expert Lebrun à Lucien Bonaparte en septembre 1800; pièce communiquée par M. Benjamin Fillon et annotée par M. A. de M.

Nouvelles Archives de l'Art français, année 1872, p. 431-437.

91. Lettres du comte Sommariva (1814-1825). Extraits annotés par M. Anatole de Montaiglon.

Texte italien des lettres ayant trait à l'histoire de l'art et des artistes. *Nouvelles Archives de l'Art français*, année 1879, 2e série, t. I, 7e vol. de la collection, p. 297-320.

92. L'Art et les artistes en 1860. Histoire de l'année.

Annuaire des artistes et des amateurs, publié par Paul Lacroix, 2e année, 1861. *Paris*, Vve Renouard, in-8, p. 69-83.

DOCUMENTS ET NOTICES BIOGRAPHIQUES
SUR LES ARTISTES

(Ordre alphabétique des noms d'artistes)

93. Alizard.

[Note, signée A. M., sur ce peintre du XVIIIe siècle.]
Bulletin de la Société de l'histoire de l'Art français, 1877, p. 127-8.

94. Lettre de la reine Marie d'Angleterre à François Ier pour lui recommander maître Ambroise, le peintre du chancelier Antoine Duprat (juin 1530), annotée par M. A. de M.

Nouvelles Archives de l'Art français, 1872, p. 154-155.

95. Quittance de Claude Audran. Communiquée par M. A. de Montaiglon.

Archives de l'Art français, documents, t. III (1853-1855), p. 96.

96. Jean-Joseph Balechou, d'Arles, graveur du Roi (1719-1764). Documents communiqués par MM. Achard, Th. Générat et Robolly. [Note complémentaire de M. A. de Montaiglon.]

Archives de l'Art français, 2e série, t. I (1861), p. 3o5-3i6.

97. Antoine-Louis Barye (1795-1875).

Texte des deux actes parisiens de naissance et de décès, précédé d'une courte introduction, signée A. de M.
Revue de l'Art français, 1886, 3e année, p. 1o5-1o6.

98. Antoine Benoît, sculpteur en cire. Lettres de relief de dérogeance à noblesse (1706), et débat sur un portrait de Mlle de Noailles (1711). Documents communiqués et annotés par MM. Anatole de Montaiglon et J.-J. Guiffrey.

Nouvelles Archives de l'Art français, 1872, p. 3o1-3o6.

99. Le Louis XIV du Cavalier Bernin.

Revue universelle des Arts, t. VIII, 1858, p. 5o5-514. — Tiré à part sous le même titre; in-8 de 1o pages.

1oo. Restitution au sculpteur Guillaume Berthelot d'une statue de Philémon, conservée au jardin du Luxembourg.

Bulletin de la Société impériale des Antiquaires de France, 1862, p. 51.

1o1. Bertinet.

Note sur ce médailleur.
Revue de l'Art français, 1re année, 1884, p. 65-66.

1o2. Quittance de Pierre Biard pour ouvrages au portique de la petite Galerie du Louvre (16 juin 1604). Note de M. de Montaiglon.

Nouvelles Archives de l'Art français, [t. III], 1874-1875, p. 175-178.

103. Plaque commémorative de la première pierre de la maison
de Jacques Boileau, peintre, directeur de l'Académie de
Saint-Luc (1779).

Texte précédé d'une note de huit lignes, signée A. M.
Nouvelles Archives de l'Art français, 1877 [t. V], p. 361-362.

104. Jean-Jacques de Boissieu, graveur, né à Lyon. Lettre
communiquée par M. Anatole de Montaiglon.

Archives de l'Art français, t. I (1851-1852), p. 432-434.

105. [Note, signée A. de M., sur le graveur Boissieu.]

Nouvelles Archives de l'Art français, 1874-1875 [t. III], p. 468.

106. Pierre Bontemps et Fr. Marchand. Quittance d'une partie
du prix convenu pour les statues de François Ier et de
Claude de France pour leur tombeau à Saint-Denis (11 janvier 1550). Annotée par M. A. de Montaiglon.

Archives de l'Art français, t. V (1857-1858), p. 347-350.
L'annotation de ce document a été réimprimée aux pages 112-114
de l'*Annuaire de l'Architecte* pour l'année 1864, publié par Adolphe
Lance; *Paris*, Morel, 1864, in-8.

107. Jean Boquet et Bernard de la Pallue, mouleurs en médailles et médailliers à Paris (1619-1621). Documents communiqués par M. Benjamin Fillon, avec une note sur les
mouleurs en médailles et sur une suite de médaillons des
Valois, par M. Anatole de Montaiglon.

Nouvelles Archives de l'Art français, 1872, p. 194-211.

108. Abraham Bosse (de Tours). Communiqué et annoté par
M. Anatole de Montaiglon.

Archives de l'Art français, t. I (1851-1852), p. 280-286.

109. Description d'un salon peint par François Boucher [dans
une maison de la rue du Cloître-Saint-Benoît].

Revue universelle des Arts, 1856, t. IV, p. 120-122.

110. François Boucher, peintre. Note de M. A. de M. sur les dessins faits par Boucher en 1741 pour *Faunillane, ou l'Infante jaune*, roman du comte de Tessin, et employés en 1744 pour *Zirphile et Acajou*, roman de Duclos.

Archives de l'Art français, documents, t. VI (1858-1860), p. 62-63.

111. Boucher de Villiers, dessinateur des médailles pour le Cabinet du roi (1769).

Introduction, signée A. de M., à un document communiqué par M. Sellier.
Revue de l'Art français, 1888, p. 141.

112. Salle à manger peinte par M. Louis Boulanger.

Article signé Charles Robert.
Le Théâtre, n° du 1er novembre 1849.

113. Pierre et Charles-André Boulle, ébénistes de Louis XIII et de Louis XIV. — Documents communiqués par MM. Read, Richard, A.-L. Lacordaire, et annotés par M. A. de Montaiglon.

Archives de l'Art français, documents, t. IV (1855-1856), p. 321-350.

114. [Compte rendu, signé A. de M., de l'ouvrage intitulé :] André Boulle, ébéniste de Louis XIV. Alençon, 1854, in-8° de 13 pages; extrait du *Journal d'Alençon*, et tiré à 25 exemplaires, par M. Charles Asselineau. — Jean de Schelandre, par le même. Paris, 1854, in-8° de 30 pages; extrait de l'*Athenæum français*, et tiré à 100 exemplaires.

Bibliothèque de l'École des Chartes, 4e série, t. I (1855), p. 81-84.

115. Jean Bourdichon, de Tours, peintre des rois Louis XI, Charles VIII, Louis XII et François Ier (1457-1520). Documents communiqués par MM. Douet d'Arcq, André

Salmon, Vallet de Viriville, annotés par M. Anatole de Montaiglon.

Archives de l'Art français, documents, t. IV (1855-1856), p. 1-23.

116. Jean Bullant, architecte du connétable de Montmorency. Actes extraits des registres de la mairie d'Écouen (1556-1578). Communiqués par MM. Émile Regnard et Jacquin, avec une notice de M. A. de Montaiglon sur la biographie de Jean Bullant, sur la bibliographie de ses livres, sur la date de la construction du château d'Écouen, sur la part que Jean Goujon y peut avoir eue, et sur la grotte rustique faite par Bernard Palissy pour le Connétable.

Archives de l'Art français, documents, t. VI (1858-1860), p. 305-339.

117. Jehan Bullant, architecte des Tuileries. Analyse d'un compte de dépenses de 1571.

Archives de l'Art français, documents, t. V (1857-1858), p. 1-13.

118. Statues de Corneille et de Molière, par Caffieri.

Note signée A. de M.
L'Intermédiaire, 1874, col. 218.

119. Hubert Cailleau, peintre de Valenciennes en 1547. Note sur ses dessins pour le manuscrit d'un Mystère de la Passion.

Archives de l'Art français, documents, t. IV (1855-1856), p. 209-212.

120. Antonius Andreas, Calliciensis.

Note signée A. de M., sur l'auteur de la statue de Tiridate dans les jardins de Versailles.
L'Intermédiaire, 1878, col. 25-6.

121. Épitaphes des sculpteurs Callion et Pajou.

Textes et notes suivis de la signature A. de Montaiglon.
Revue de l'Art français, 2e année, 1885, p. 28-30.

122. Antonio Canova. Lettre au maréchal Duroc, intendant général de la maison de l'Empereur.

Introduction et commentaire à cette lettre, signés A. de M.
Revue de l'Art français, 1889, p. 355-356.

123. Pauline Borghèse (sa statue par Canova).

Note signée A. de M.
L'Intermédiaire, 1875, col. 249-250.

124. Le Dessinateur Carême.

Note signée A. M.
L'Intermédiaire, 1885, col. 143.

125. Antoine Caron, de Beauvais, peintre du XVIe siècle, par M. Anatole de Montaiglon. *Paris,* Dumoulin, février 1850, in-8 de 23 pages.

Au verso du titre : « Extrait de *l'Artiste* du 15 février, et tiré à cent exemplaires. »

126. Lettre écrite de Varsovie par le peintre Carteaux (1787), communiquée par M. Benjamin Fillon et annotée par M. A. de Montaiglon.

Nouvelles Archives de l'Art français, année 1872, p. 400-401.

127. Le Peintre Jean-Baptiste Carvelle à la cour de Weimar (1782).

Revue de l'Art français, 1889, p. 179-181.

128. La Cassandre de Casani.

Note signée A. M.
L'Intermédiaire, 1866, col. 705.

129. Quittances du peintre Cavin pour travaux de son art faits pour le duc de Saint-Simon (1729), communiquées par M. Benjamin Fillon et annotées par M. A. de M.

Nouvelles Archives de l'Art français, année 1872, p. 314-315.

130. [Rapport de M. Anatole de Montaiglon sur « une com-communication de M. Coüard-Luys, archiviste de l'Oise, signalant la présence à Senlis, en 1504, de l'architecte Martin Chambige ».]

Bulletin du Comité des travaux historiques et scientifiques. Archéologie. Année 1884, p. 457-458.

131. Philippe de Champagne.

Note signée A. de M.

Bulletin de la Société de l'histoire de l'Art français, 1877, p. 143-144.

132. Philippe de Champaigne.

Note signée A. de M.

Revue de l'Art français, 1re année, 1884, p. 137.

133. Sur la médaille de René Chauveau, sculpteur.

Athenæum français, 3e année, no 32, 12 avril 1854, p. 754.

134. Actes extraits du registre de la Chapelle de France à Stockholm (1695-1701) [relatifs à la famille des *Chauveau.* — Introduction, sous forme de lettre à M. Louis Dus-sieux.]

Revue universelle des Arts, t. IV, 1856, p. 306-313.

135. Jean Chéreau, architecte bourguignon de la fin du XVIe siècle. Note communiquée par MM. Lance et A. de Montaiglon.

Nouvelles Archives de l'Art français, année 1872, p. 174-176.

136. [Note sur l'attribution à Chinard d'un buste de Mme Ré-camier ; signée A. de M.]

Revue de l'Art français, 1re année, 1884, p. 54.

137. Michel Chotart, miniaturiste parisien. Prix des miniatures d'un livre d'Heures exécuté en 1470.

Archives de l'Art français, documents, t. IV (1855-1856), p. 312.

138. Lettres de François Ier en faveur de son armurier Bénédict Clesze et de son orfèvre Benvenuto Cellini (29 juillet 1542).

Archives de l'Art français, 2e série, t. II (1862), p. 5-8.

139. Corneille van Clève, sculpteur (1645-1732).

Archives de l'Art français, 2e série, t. II (1862), p. 375-377.

140. Martin Cloistre, de Blois, et Benoist Bonberault, d'Orléans, sculpteurs du XVIe siècle. Histoire du tombeau élevé à Guillaume de Montmorency et à sa femme, Anne Pot, dans l'église Saint-Martin de Montmorency.

Bibliothèque de l'École des Chartes, 3e série, t. II (1851), p. 264-278.

141. [Note sur Benoît Coello, peintre espagnol du XVIIe s., signée A. de M.]

Journal de la Littérature et des Beaux-Arts (de Belgique), n° du 31 mai 1864.

142. Jean Coste. — Pièces relatives aux travaux de peinture exécutés par lui au château de Vaudreuil, en Normandie (1350-1356).

Archives de l'Art français, documents, t. II (1852-1853), p. 331-342.

143. Jean Coste et Gérard d'Orléans, peintres, en 1355 (1356 nouv. style). — Deux pièces inédites, relatives aux travaux de peinture exécutés au château de Vaudreuil, en Normandie, communiquées par M. André Salmon et annotées par M. Anat. de Montaiglon.

Archives de l'Art français, documents, t. III (1853-1855), p. 65-68.

144. Jean et Charles de Court, peintres des rois Charles IX, Henri III et Henri IV.

A propos d'un brevet, accordé à Charles de Court, de la charge de concierge du pavillon du Roi à la Place Royale de Paris (17 mai 1607).

Archives de l'Art français, documents, t. VI (1858-1860, p. 81-88.

145. Jean Cousin.

Archives de l'Art français, documents, t. V (1857-1858), p. 351-362.

146. [Observations présentées à la Société des Antiquaires de France, séance du 15 juin 1881, sur les artistes du nom de Jean Cousin au XVIe siècle.]

Bulletin de la Société nationale des Antiquaires de France, 1881, p. 208-209.

147. Nicolas Coustou et Guillaume Coustou, sculpteurs. Pièces communiquées et annotées par M. Anatole de Montaiglon.

Archives de l'Art français, documents, t. III (1853-1855), p. 137-143.

148. Lettre du peintre Antoine Coypel (1699). Communiquée par M. Benjamin Fillon et annotée par M. de Montaiglon.

Nouvelles Archives de l'Art français, 1873 [t. II], p. 346-348.

149. Brevets du Régiment de la Calotte relatifs au peintre Charles-Antoine Coypel le fils et à l'architecte Gilles-Marie Oppenort.

Archives de l'Art français, 2e série, t. II (1862), p. 81-97.

150. Antoine Coysevox. Pièces relatives au transport à Nantes, à l'érection à Rennes, et à la destruction de la statue équestre consacrée à Louis XIV par les États de Bretagne (1686-1793). Communiquées par MM. A. Ramé et B. Fillon et annotées par MM. Ramé et A. de Montaiglon.

Archives de l'Art français, documents, t. V (1857-1858), p. 223-264.

151. Antoine Coysevox, de Lyon. Marché passé en 1704
entre lui et Louis de Lorraine, comte d'Harcourt, pour le
tombeau de son père à l'abbaye de Royaumont. Annoté
par M. A. de Montaiglon.

Archives de l'Art français, documents, t. IV (1855-1856), p. 169-
176.

152. Crommelin de Bonnemare.

Note sur ce dessinateur, signée A. M.
L'Intermédiaire, 1880, col. 5.

153. Jean Dangers, peintre à Paris (2 août 1595). Communiqué par M. Hippolyte Destailleurs. [Note de M. A. de
Montaiglon.]

Archives de l'Art français, 2e série, t. I (1861), p. 185-186.

154. Sur la statue de M. Dantan pour la porte d'entrée de
la Bibliothèque de l'Arsenal.

Le Nord, numéro du 13 janvier 1858.

155. Jacques-Louis David (1748-1825).

Note sur les planches de l'ouvrage publié sur ce peintre, en 1880-
1882, par son petit-fils, M. Jules David.
Revue de l'Art français, 2e année, 1885, p. 60-62 et 74-77.

156. Jacques-Louis David. Ses divers logements à Paris.
Rapport de M. A. de Montaiglon (24 mai 1882) [à la
Sous-commission des Inscriptions parisiennes].

Revue de l'Art français, 1re année, 1884, p. 168-171.
Ce rapport avait été d'abord autographié par les soins du service
des travaux historiques de la ville de Paris (4 pages pet. in-folio).

157. Bibliothèque de la Chambre des Pairs. Peintures de
M. Delacroix.

Article signé Charles Robert.

Moniteur des Arts, n⁰ du 20 décembre 1846.

Réimprimé dans : *Articles publiés dans le Moniteur des Arts* (voy. ci-dessus, n⁰ 1), p. 23-29.

158. Philibert et Jean Delorme, architectes (1555-1570). Pièces communiquées par M. Benjamin Fillon et annotées par M. A. de Montaiglon.

Archives de l'Art français, 2ᵉ série, t. II (1862), p. 314-336.

159. Philibert Delorme.

Revue de l'Art français, 1ʳᵉ année, 1884, p. 129-131.

160. Jean-Louis Demarne. Billet communiqué par M. A. de Montaiglon.

Archives de l'Art français, documents, t. IV (1855-1856), p. 23.

161. Claude Deruet.

Dissertation imprimée au t. II des *Peintres provinciaux,* de Ph. de Chennevières. *Paris,* Dumoulin, 1850, in-8, p. 267-346.

En tête se lit la note suivante :

« J'avais terminé sur Claude Deruet un travail déjà bien étendu, quand M. Anatole de Montaiglon est venu complaisamment y joindre tout le butin recueilli dans les écrivains de Lorraine, et un très grand nombre de notes des plus curieuses, avec une description beaucoup plus détaillée que la mienne des tableaux d'Orléans. Pour faire entrer à leur place cette foule de documents nouveaux dans mon travail primitif, il fallait le refondre et le coordonner entièrement, et M. de Montaiglon a bien voulu se charger de cette pénible besogne. Le lecteur verra par là que M. Anatole de Montaiglon a droit non pas à la moitié seulement, mais aux deux tiers de l'estime que pourra mériter cette étude assez complète sur un peintre dont la vie offre un intérêt si animé et si varié. PH. DE CH.-P. »

162. Gabriel et Roboam Desgodets, peintres. Note communiquée par M. A. de Montaiglon.

Archives de l'Art français, documents, t. III (1853-1855), p. 314.

163. Martin Desjardins. — Vers latins sur son groupe de Louis XIV et de la Renommée, placé autrefois sur la place des Victoires, à Paris. Annotés par M. A. de Montaiglon.

Archives de l'Art français, documents, t. V (1857-1858), p. 217-218.

164. Description d'une machine ou balancier inventée et perfectionnée par Jean-Pierre Droz pour la fabrication des médailles et monnaies (1802), communiquée par M. Benjamin Fillon et annotée par M. de Montaiglon.

Nouvelles Archives de l'Art français, 1872, p. 438-444.

165. Autobiographie de Dugourc (1800). Document communiqué par M. Anatole de Montaiglon.

Nouvelles Archives de l'Art français, 1877 [t. V], p. 367-371.

166. Quatre ordonnances de Louis XIV sur le fait de la juridiction de la Prévôté de l'Hôtel, relatives aux peintres Daniel du Monstier, Simon Vouet, Henri de Gissey, et au graveur Michel Lasne.

Revue universelle des Arts, 1857, t.VI, p. 247-265.

167. Deux Jugements de la Chambre des Comptes de Nantes relatifs à Daniel Dumonstier, à propos de l'abandon à lui fait des droits du roi sur la terre du Plessis-Bertrand (1612-1614), communiqués par M. B. Fillon et annotés par M. A. de Montaiglon.

Nouvelles Archives de l'Art français, 1872, p. 183-187.

168. Daniel Dumonstier (31 janvier 1614). Document communiqué par M. Jules Niel et annoté par M. A. de Montaiglon.

Archives de l'Art français, 2e série (Tross), t. I, 1861, p. 437-440.

169. Quittance du peintre Étienne Dumonstier (1569), avec

une note sur son épitaphe et sur son âge à l'époque de sa mort.

Nouvelles Archives de l'Art français, 1872, p. 172-173.

170. Quittance de Étienne Dumonstier (1588), annotée par M. de Montaiglon.

Nouvelles Archives de l'Art français, 1874-1875 [t. III], p. 169.

171. Augustin Dupré, graveur en médailles (1791).

Note signée **A. de M.**
Revue de l'Art français, 1886, 3e année, p. 127-128.

172. Le Chevalier Ernou (1731).

Note de dix lignes sur ce peintre.
Revue de l'Art français, 1885, 2e année, p. 70.

173. Le Chevalier Ernou (1720-1739).

Note fournissant des renseignements complémentaires.
Revue de l'Art français, 1885, 2e année, p. 106-107.

174. Favre, graveur de médailles.

Note signée A. M.
L'Intermédiaire, 1869, col. 391.

175. Jean Fouquet et son portrait du pape Eugène IV, d'après les témoignages d'Antonio Filarete et du Vasari.

Archives de l'Art français, 2e série, t. I. *Paris*, Tross, (1861), p. 454-468.
Article signé A. de M. Il a été réimprimé dans l'ouvrage intitulé : *Jehan Foucquet et son œuvre. Paris*, Curmer, t. II, p. 24-34.

176. Jean Fouquet.

Réimpression, précédée d'une note de deux pages, signée A. de M., d'un texte de Jean Brèche, relatif à cet artiste.
Archives de l'Art français, 2e série (Tross), t. I, 1861, p. 293-298.
Cf. *Bulletin de la Société nationale des Antiquaires de France*, 1861, p. 131-132.

177. Maître Jean Français, artiste du XVIe siècle. Son séjour et ses travaux en Italie.

Les Beaux-Arts, Revue nouvelle, tome I, 1860, p. 102-107, 137-147.

178. De Francesco Francia comme graveur des caractères d'impression employés par les Aldes.

Traduction d'une dissertation publiée par Panizzi en 1858 sous ce titre : *Chi era Francesco da Bologna?* — Le titre courant est : François de Bologne.
Revue universelle des Arts, t. XIV, 1861, p. 5-17.

179. Les Gabriel.

Note, signée A. M., sur les architectes de ce nom.
Bulletin de la Société de l'histoire de l'Art français, 1878, p. 202-203.

180. Pierre Gadyer. — Pièce du 28 octobre 1531, relative au château de Madrid [près Paris], communiquée et annotée par M. A. de Montaiglon.

Archives de l'Art français, documents, t. III (1853-1855), p. 36-38.

181. Charles-Étienne Gaucher, graveur (1788). Note de M. Anatole de Montaiglon.

Nouvelles Archives de l'Art français, 1874-1875 [t. III], p. 360-363.

182. François Girardon. Quittance relative à la fontaine de la Pyramide [du parc de Versailles] (1671). Communiquée par M. Benjamin Fillon et annotée par M. de Montaiglon.

Nouvelles Archives de l'Art français, 1873 [t. II], p. 344-345.

183. Lettre de Girardon. Communiquée par M. Anatole de Montaiglon.

Archives de l'Art français, documents, t. III (1853-1855), p. 128.

184. A.-L. Girodet-Trioson. Lettre communiquée par M. Mathieu-Meusnier. [Annotée par M. A. de Montaiglon.]

Archives de l'Art français, 2e série, t. I (1861), p. 317-320.

185. Henri de Gissey, de Paris, dessinateur ordinaire des Plaisirs et des Ballets du Roi (1608-1673), par Anatole de Montaiglon, ancien élève de l'École des Chartes, membre résidant de la Société des Antiquaires de France. *Paris,* Dumoulin, août 1854, in-8°; 28 pages.

Au verso du faux-titre : « Extrait du journal *le Théâtre* des 15, 22, 26, 29 juillet et 2 août, et tiré à part, avec des additions, à cent exemplaires. »

186. Pierre Gobert, peintre. Mémoire de travaux faits pour le duc de Lorraine de 1707 à 1709. Document communiqué par M. Henry Lepage, archiviste du département de la Meurthe. Annoté par M. de Montaiglon.

Archives de l'Art français, documents, t. V (1857-1858), p. 87-91.

187. Jean Goujon et la vérité sur la date et le lieu de sa mort, d'après un document découvert par M. Sandonnini.

Gazette des Beaux-Arts, 26e année, 2e période, t. XXX (1884), p. 377-394, et 27e année, 2e période, t. XXXI (1885), p. 5-21.

188. J.-B. Greuze. Pièces communiquées par M. Laperlier, annotées par M. A. de Montaiglon.

Archives de l'Art français, documents, t. VI (1858-1860), p. 237-240.

189. [Note, signée A. de M., sur divers ouvrages à consulter à propos de J.-B. Greuze.]

Nouvelles Archives de l'Art français, 1874-1875 [t. III], p. 437-439.

190. [Notice sur Greuze et ses ouvrages, par Mme de Valori. Réimpression par M. de Montaiglon, accompagnée de quelques notes.]

Revue universelle des Arts, t. XI, 1860, p. 248-261, et 362-386.

191. Le Raphaël des fleurs.

Note, signée A. de M., concernant la marquise de Grollier (1741-1828), surnommée par Canova le Raphaël des fleurs.
L'Intermédiaire, 1888, col. 434.

192. Domenico Guidi, sculpteur. Trois lettres relatives à la statue de l'Histoire tenant le portrait de Louis XIV, destinée au parc de Versailles, avec une note de M. de Montaiglon sur M. de La Tuillerie, directeur de l'Académie, à Rome.

Archives de l'Art français, documents, t. V (1857-1858), p. 81-86.

193. Pierre Hanon, architecte. Dépenses faites pour la construction du cloître des Célestins de Paris (1539-1549). Document annoté par M. A. de Montaiglon.

Archives de l'Art français, documents, t. V (1857-1858), p. 68-75.

194. Le Peintre Du Harlay.

Note signée A. de M.
L'Intermédiaire, 1875, col. 281-2.

195. Lettre du peintre moderne Hersent sur le livre d'Heures d'Étienne Chevalier, œuvre de Jean Fouquet; communiquée par M. Benjamin Fillon et commentée par M. de Montaiglon.

Nouvelles Archives de l'Art français, 1872, p. 149-150.

196. Houdon, sa vie et ses ouvrages (1741-1828).

Articles signés ANATOLE DE MONTAIGLON et GEORGES DUPLESSIS.
Revue universelle des Arts, t. I, 1855, 157-185, 237-267, 317-350, 397-420.

197. Catalogue de l'œuvre de Houdon.

Article signé A. DE MONTAIGLON et G. DUPLESSIS.
Revue universelle des Arts, t. II, 1855, p. 440-454.

198. Un Voltaire de Houdon.

Note signée A. de M.
L'Intermédiaire, 1864, p. 68.

199. Jacquet, dit Grenoble.

Note, signée A. de M., sur ce sculpteur, mentionné en 1610.
Revue de l'Art français, 2ᵉ année, 1885, p. 184-185.

200. Janet. Deux sonnets de Marc-Claude de Buttet, gentilhomme savoisien.

Préambule, signé A. de M., au texte de deux sonnets de Claude de Buttet à l'honneur du peintre Janet.
Nouvelles Archives de l'Art français, 1880-1881, 2ᵉ série, t. II, p. 307-308.

201. Mémoire des ouvrages de peinture faits par Jean Jouvenet pour la princesse de Conti (1689), communiqué par M. B. Fillon et annoté par M. A. de Montaiglon.

Nouvelles Archives de l'Art français, 1874-1875 [t. III], p. 216-218.

202. Jean Jouvenet.

Préambule et commentaires, signés A. de M., accompagnant la reproduction d'un article sur ce peintre, publié dans *le Temps* du 25 décembre 1887.
Revue de l'Art français, 1888, p. 117-120.

203. La Famille des Juste en France.

Gazette des Beaux-Arts, 17ᵉ année, deuxième période, t. XII (1875), p. 385-404 et 515-526 ; 18ᵉ année, deuxième période, t. XIII (1876), p. 552-568 et 657-670 ; 18ᵉ année, deuxième période, t. XIV, p. 360-368. *Nouveaux Documents communiqués par M. Gaetano Milanesi,* 19ᵉ année, deuxième période, t. XV, p. 221-224 *(Post-scriptum).*
Tiré à part à « 50 exemplaires sur papier de Hollande » sous ce

titre : *La Famille des Juste en Italie et en France, par MM. Anatole de
Montaiglon et Gaetano Milanesi. Paris,* Detaille et Baur, 1876, grand
in-8; 76 pages.

204. Quittance du sculpteur Jehan Juste, relative au tombeau de Mme de Gouffier (février 1559), communiquée par
M. Benjamin Fillon et commentée par M. de Montaiglon.

Nouvelles Archives de l'Art français, année 1872, p. 170-171.

205. Contrat d'apprentissage chez Jean de Lacroix, tapissier
haulte-lissier aux Gobelins, pour le fils de Josse Van den
Kerckove, teinturier aux Gobelins (avril 1681), communiqué
par M. Benjamin Fillon et annoté par M. Anatole de Montaiglon.

Nouvelles Archives de l'Art français, 1872, p. 279-281.

206. Charles de La Fosse et Louis de Boulogne. Marchés
pour les tableaux du chœur de Notre-Dame de Paris; annotés par M. A. de Montaiglon.

Archives de l'Art français, documents, t. IV (1855-1856), p. 213-214.

207. Nicolas Lancret. Extrait des registres du Conseil d'État
privé du Roy [publié et commenté par M. de Montaiglon].

Archives de l'Art français, 2e série (Tross), t. II (1862), p. 197-201.

208. Colart de Laon et Jean d'Orléans, 1383-1426. Notes de
M. Vallet de Viriville et de M. le baron de Girardot [et de
M. Anatole de Montaiglon].

Archives de l'Art français, documents, t. V (1857-1858), p. 339-341.

209. Francisco Laurana [sculpteur]. Le retable de Saint-Dizier
à Avignon.

La Chronique des Arts et de la Curiosité, 1881, p, 77-80 et 111-112,

210. Fremin Lebel, peintre. Marché des peintures pour le
maître-autel de Saint-Germain-des-Prés (janvier 1557).

Communiqué par M. Henri Bordier et annoté par M. Anatole de Montaiglon.

Archives de l'Art français, documents, t. II (1852-1853), p.136-142.

211. Lecomte, sculpteur du XVIe siècle.

Réimpression d'une épigramme de Ronsard relative à cet artiste, précédée d'une introduction de huit lignes, signée A. de M.
Archives de l'Art français, 2e série (Tross), t. I, 1861, p. 184.

212. Lettre du roi René d'Anjou à maître Jehannot Le Flament, communiquée par M. Dobrée et annotée par M. A. de Montaiglon.

Archives de l'Art français, documents, t.V (1857-1858), p. 213-214.

213. Documents pour l'histoire de l'art. François Le Moine. peintre du Roi. Description de son plafond du salon d'Hercule à Versailles.

Réimpression d'une plaquette publiée sans titre en 1736; l'introduction d'une page et demie qui la précède est signée A. D. M. (*sic*).
Revue universelle des Arts, t. XIV (1861), p. 197-202.

214. François Lemot, de Lyon. Lettre au président de la Société des Amis des arts (30 janvier 1800), annotée par M. Anatole de Montaiglon.

Archives de l'Art français, documents, t. V (1857-1858), p. 203.

215. Lepautre.

Lettre de Louvois, du 10 décembre 1673, où cet artiste est mentionné, annotée par M. de Montaiglon.

Archives de l'Art français, 2e série (Tross), t. II (1862), p. 377-378.

216. Jean Leroux, enlumineur (1479).

Archives de l'Art français, 2e série (Tross), t. I (1861), p.193-194.

217. Jehan Le Saige, peintre de Louis XI. [Extraits des *Mar-*

guerites historiales de Jean Massue, publiés et commentés par M. de Montaiglon.]

Archives de l'Art français, 2e série, t. II (1862), p. 13-19.

218. Quittance de Pierre Lescot le père. Novembre 1526. Document annoté par M. A. de Montaiglon.

Nouvelles Archives de l'Art français, 1874-1875 [t. III], p. 163.

219. [Communication à la *Gazette des Beaux-Arts* d'un document relatif à Pierre Lescot.]

C'est le premier de ceux que M. de Montaiglon a publiés dans la *Gazette.*

Gazette des Beaux-Arts, t. VII (1860), p. 124-126.

220. Nouvelles Recherches sur la vie et les ouvrages d'Eustache Lesueur, par L. Dussieux... avec un catalogue des dessins de Lesueur, par A. de Montaiglon, attaché à la collection des dessins du Louvre. *Paris,* Dumoulin, 1852, in-8°; 124 pages.

La partie traitée par M. de Montaiglon occupe les pages 77-109 de ce volume.

221. Essai de catalogue des dessins de Lesueur, par M. Anatole de Montaiglon, attaché à la conservation des dessins du Louvre.

Archives de l'Art français, documents, t. II (1852-1853), p. 77-124.

222. Eustache Lesueur.

Revue de l'Art français, 1re année, 1884, p. 99-100.

223. Eustache Lesueur et la famille de Le Brun.

Archives de l'Art français, documents, t. III (1853-1855), p. 186.

224. Travaux de Pierre L'Heureux, ymagier, et de Jehan Riquier, peintre, à Saint-Wulfran d'Abbeville (1501-1505).

[Extraits des *Mémoires de la Société d'émulation d'Abbeville,*
annotés par M. de Montaiglon.]

Archives de l'Art français, 2e série, t. II (1862), p. 22-24.

225. Description d'un tableau allégorique de M. de Lobel,
peintre ordinaire du Roy et de l'Académie royale de peinture et de sculpture, sur l'avènement d'Henri IV à la couronne de France, exposé au Salon du Louvre en 1753.

Archives de l'Art français, documents, t. VI (1858-1860), p. 23-26.

226. René Lochon, graveur.

Archives de l'Art français, documents, t. III (1853-1855), p. 3,6.

227. Mathurin Lussant, orfèvre (1572).

Archives de l'Art français, documents, t. III (1853-1855), p. 182-183.

228. La Mansarade, satire contre François Mansart, suivie
d'un arrêté de Louis XIV en faveur de la gravure.

Archives de l'Art français, 2e série, t. II (1862), p. 242-266.

229. [Observation sur le lieu de naissance (Paris) de François
Mansart, à propos d'un mémoire sur la cathédrale de Pamiers, présenté par M. de Lahondès, membre de la Société
archéologique du Midi.]

*Réunion des Sociétés savantes des départements à la Sorbonne du 24
au 27 avril 1878. Section des Beaux-Arts,* p. 19.

230. [Observation présentée par M. de Montaiglon à la Société des Antiquaires de France, séance du 18 décembre
1872, sur les tableaux de Mantegna conservés au Louvre,
où l'on voit des inscriptions ressemblant à de l'écriture
arabe. « La Société est d'avis que M. de Montaiglon rédige à ce sujet une note pour le Bulletin. »]

Bulletin de la Société nationale des Antiquaires de France, année 1872,
p. 162.

231. Testament du peintre verrier Guillaume de Marcillat (1529). Traduit [du latin] par MM. Henry Jouin et A. de Montaiglon.

Introduction de deux pages et demie, signée H. J. ; texte et traduction du testament signés H. J. et A. de M.
Revue de l'Art français, 1886, 3ᵉ année, p. 49-59.

232. Marchés passés par le peintre verrier Guillaume de Marcillat pour l'exécution des vitraux du dôme d'Arezzo (1518-1524), traduits par MM. Henry Jouin et A. de Montaiglon.
Revue de l'Art français, 1886, 3ᵉ année, p. 81-90.

233. Guillaume de Marcillat (1509-1529). Documents traduits par MM. Henry Jouin et Anatole de Montaiglon. Marchés passés pour la décoration des voûtes du dôme d'Arezzo.
Revue de l'Art français, 1886, 3ᵉ année, p. 209-227.

234. Gaspard de Marcy, sculpteur. Inscription conservée à l'église de Croissy (Seine-et-Oise), relative à la fondation d'une lampe perpétuelle devant le Saint Sacrement (1ᵉʳ mars 1683). Note de M. A. de Montaiglon.
Archives de l'Art français, documents, t. VI, p. 212-213.

235. Le Graveur Jean-Baptiste Massard.
Revue de l'Art français, 1ʳᵉ année, 1884, p. 150-151.

236. Claude Mellan (d'Abbeville). Communiqué par M. Hauréau et annoté par M. Anatole de Montaiglon.
Archives de l'Art français, t. I (1851-1852), p. 261-296.

237. Catalogue raisonné de l'œuvre de Claude Mellan d'Abville, par M. Anatole de Montaiglon, ancien élève de l'École des Chartes, membre résidant de la Société impériale des Antiquaires de France, membre correspondant de la

Société impériale d'émulation d'Abbeville, précédé d'une Notice sur la vie et les ouvrages de Mellan, par J.-P. Mariette. Extrait des *Mémoires de la Société impériale d'émulation d'Abbeville. Abbeville,* typographie de P. Briez, 1856, in-8; 276 pages.

238. François-Guillaume Ménageot.

Lettre du 14 mai 1808, commentée par M. de Montaiglon.
Archives de l'Art français, 2e série, t. II (1862), p. 367-368.

239. Lettres du graveur Charles Méryon, relatives aux portraits qu'il a gravés pour l'ouvrage *Poitou et Vendée,* de MM. Fillon et Octave de Rochebrune (1861-1863), communiquées par M. Benjamin Fillon et annotées par M. de Montaiglon.

Nouvelles Archives de l'Art français, année 1872, p. 463-485.

240. Charles Méryon (mai 1865). Document communiqué par M. Benjamin Fillon [et précédé d'une note de vingt lignes, signée A. de M.].

Nouvelles Archives de l'Art français, 1877 [t. V], p. 380.

241. Froment-Meurice.

Lettre de cet orfèvre sur un service de *Thomire,* précédée d'un article signé A. de M.
Nouvelles Archives de l'Art français, 1874-1875 [t. III], p. 478-484.

242. [Communication à la Société des Antiquaires de France, séance du 20 octobre 1875, sur la *Vierge de Bruges,* œuvre de Michel-Ange.]

Bulletin de la Société nationale des Antiquaires de France, année 1875, p. 158-159.

243. La Vie de Michel-Ange.

Gazette des Beaux-Arts, 18e année, 2e période, t. XIII (1876),

p. 222-3oo. Dans le même volume (p. 3o1-312) : « Essai de Bibliographie michelangesque », signé A. de M.

Ces deux travaux forment deux parties de l'ouvrage intitulé : *l'Œuvre
et la vie de Michel-Ange,* par MM. Charles Blanc, Eug. Guillaume,
Paul Mantz, Charles Garnier, Mézières, Anatole de Montaiglon,
Georges Duplessis et Louis Gonse ; *Paris, Gazette des Beaux-Arts,*
1876, grand in-8. — La vie de Michel-Ange y occupe les pages 222-
3oo ; l'Essai de bibliographie michelangesque, les pages 329-34o.

244. Michel-Ange et les statues de la chapelle funéraire de
    Médicis à l'église Saint-Laurent de Florence. Conférences
    à l'Union centrale des Beaux-Arts appliqués à l'industrie,
    par A. de Montaiglon. *Paris,* Delagrave, 1877, in-18.

245. La Mort de Michel-Ange.

Note signée A. de M.
L'Intermédiaire, 1886, col. 84-85.

246. Billet de Mignard et de Dufresnoy à Le Brun, commu-
    niqué et annoté par M. Anatole de Montaiglon.

Archives de l'Art français, t. I (1851-1852), p. 267-268.

247. [Note, signée A. de M., accompagnant la publication
    d'une lettre de Pierre Mignard, en date du 6 mai 1661.]

Nouvelles Archives de l'Art français, 1876 [t. IV], p. 3o4-3o5.

248. Lettre de Pierre Mignard au sculpteur Domenico Guidi
    sur la réception à Versailles de son groupe du Temps et de
    l'Histoire tenant le portrait du roi (27 septembre 1686).
    Document communiqué par M. Louis Passy. [Commenté
    par M. de Montaiglon.]

Archives de l'Art français, 2e série, t. II (1862), p. 214-218.

249. Deux pièces de vers du XVIIe siècle sur le peintre Mi-
    gnard, précédées d'une note de trois lignes, signée A. M.]

Nouvelles Archives de l'Art français, 1874-1875 [t. III], p. 5i5.

250. Mimerel; sa nomination à la charge de sculpteur ordinaire de la ville de Lyon, précédemment occupée par Claude Warin (1654). Document communiqué par M. F. Rolle [et annoté par M. de Montaiglon].

Archives de l'Art français, 2e série, t. II (1862), p. 20-21.

251. Jacques Mimerel et Henri Verdier (1665).

Note sur ces deux artistes lyonnais : le premier, sculpteur ; le second, peintre ; signée **A. de M.**
Revue de l'Art français, 1885, p. 87-88.

252. Pierre-Étienne Moitte, graveur.

Archives de l'Art français, 2e série, t. II (1862), p. 98.

253. [Jacques Monier, peintre. — Son acte de mariage (16 février 1681), communiqué par M. Lambron de Lignim, avec une note de M. A. de Montaiglon sur la restitution à Jean Monier, le père, du tableau d'une Marie de Médicis en Junon, conservé au palais du Luxembourg.]

Archives de l'Art français, documents, t. V (1857-1858), p. 174-176.

254. Pierre de Montereau, ou de Montreuil.

Note signée **A. M.**
L'Intermédiaire, 1874, col. 151.

255. Un dessin de J.-M. Moreau le jeune (1782).

Nouvelles Archives de l'Art français, 1874-1875 [t. III], p. 347-352.

256. [Restitution à Raphaël Morghen de la planche anonyme conservée à la Chalcographie du Louvre, et représentant le *Napoléon franchissant le Saint-Bernard,* de David.]

Athenæum français, 1re année, no 14, 20 octobre 1852, p. 222, sans signature.

257. Les Peintures de Jean Mosnier, de Blois, au château de

Cheverny, par M. Anatole de Montaiglon. *Paris,* Dumoulin, mars 1850, in-8°, 20 pages.

Au verso du titre : « Les pages suivantes, adressées à **M.** Philippe
de Chennevières-Pointel, pour lequel elles ont été écrites, sont
extraites de la notice sur Mosnier qui fera partie de son second
volume de *Peintres provinciaux.* »

La note de M. de Montaiglon occupe les pages 172-178 du tome II
(1850) des *Recherches sur la vie et les ouvrages de quelques peintres provinciaux de l'ancienne France,* par Ph. de Chennevières-Pointel; *Paris,*
1847-1862, 4 vol. in-8. — « Voici, mon cher ami, les notes que j'ai
prises pour vous à Cheverny sur les peintures de votre Mosnier... »

258. Jean-Marc Nattier. Lettre communiquée par M. A. de
Montaiglon..

Archives de l'Art français, documents, t. IV (1855-1856), p. 77.

259. Girart d'Orléans. [Acte de cet artiste, daté du mois de
décembre 1348, commenté par A. de M.]

Nouvelles Archives de l'Art français, 1872, p. 125-126.

260. Jean d'Orléans. — Pièce relative à des ouvrages de peinture exécutés par cet artiste au château de Saint-Germain-
en-Laye (1377).

Archives de l'Art français, documents, t. II (1852-1853), p. 343-344.

261. J.-B. Oudry, peintre. Son épitaphe (1755), communiquée par M. Eugène Daudet, suivie d'extraits de l'inventaire fait après sa mort et d'autres actes du même temps,
communiqués par M. Matton, de Beauvais, [et annotés
par M. A de Montaiglon].

Archives de l'Art français, documents, t. V (1857-1858), p. 270-272.

262. [Note de M. de Montaiglon sur le tombeau de Charles VIII par Guido Paganino.]

Archives de l'Art français, t. I (1851-1852), p. 129-132.

263. Sur deux statues de Louis XII par le sculpteur mode-
nais Guido Paganino.

Mémoire signé A. de M.
Archives de l'Art français, 2e série, t. II (1862), p. 219-228.

264. Guido Paganino à l'hôtel de Nesle (1511-1515).

Extraits de Sauval, et commentaires signés A. de M.
Nouvelles Archives de l'Art français, 1878 [t. VI], p. 238-239.

265. Bernard Palissy. Payements relatifs à la grotte de terre
émaillée faite par lui en 1571 dans le jardin des Tuileries,
suivis de la description, par M. de Montaiglon, d'un dessin
représentant le projet de cette grotte.

Archives de l'Art français, documents, t. V (1857-1858), p. 14-29.

266. [Observations présentées à la Société des Antiquaires de
France, séance du 15 mars 1865, sur la grotte construite
par Bernard Palissy dans le jardin des Tuileries.]

Bulletin de la Société impériale des Antiquaires de France, année 1865,
p. 86.

267. Palissy est-il venu en Normandie et y a-t-il séjourné?
Note signée A. de M.
L'Intermédiaire, 1886, col. 432-433.

268. Pièce relative à maître Jehan de Paris, en 1466, communiquée par M. Benjamin Fillon et annotée par M. de
Montaiglon.

Nouvelles Archives de l'Art français, 1872, p. 139-141.

269. Le Peintre de batailles Jean-Paul (3 octobre 1676).
Document communiqué par M. Eudore Soulié [et précédé
d'une note signée A. de M.].

Archives de l'Art français, 2e série, t. I (1861), p. 412.

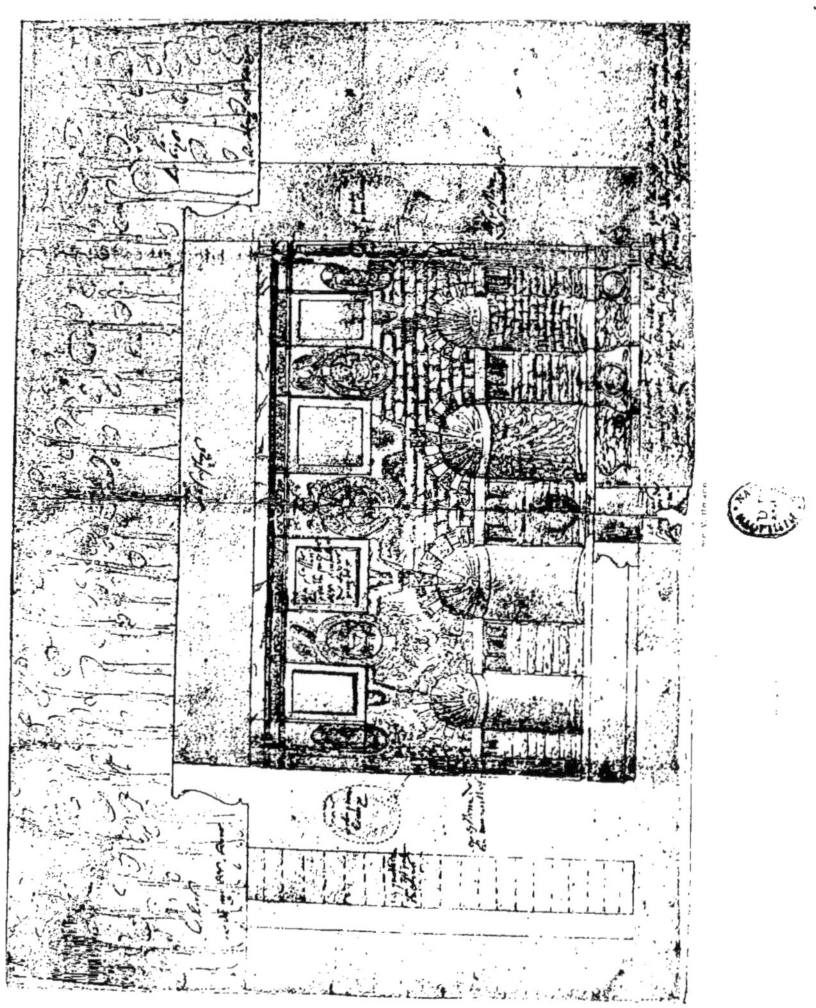

270. Les deux Guillaume Périer, peintres de Lyon, et leur oncle François Périer (1656-1657). Documents communiqués par M. Vaesen [et accompagnés de notes signées A. de M.].

Nouvelles Archives de l'Art français, 1877 [t.V], p. 164-166.

271. [Note, signée A. de M., où est promise la publication d'un Mémoire du peintre Jean Perréal sur la construction de Brou, et d'autres documents relatifs au même artiste.]

Archives de l'Art français, 2e série (Tross), 1861, t. I, p. 142.

272. Jean Perréal. Lettre à Marguerite d'Autriche (4 janvier 1511), communiquée par M. Benjamin Fillon [et commentée par M. de Montaiglon].

Nouvelles Archives de l'Art français, 1872, p. 142-145.

273. Antoine Pesne.

Archives de l'Art français, 2e série, t. II (1862), p. 234-236.

274. Jean Petitot, peintre en émail (1607-1691).

Commentaires, signés A. de M., des extraits du Dictionnaire de Richelet concernant cet artiste et la peinture sur émail.

Archives de l'Art français, 2e série (Tross), t. I, 1861, p. 336-338.

275. Picot et Delaroche.

Revue de l'Art français, 1re année, 1884, p. 182-184.

276. Actes de l'état civil relatifs à Jean-Baptiste Pigalle, sculpteur, et à son neveu Jean-Pierre Pigalle, aussi sculpteur (1714-1785).

Archives de l'Art français, documents, t.VI (1858-1860), p. 104-111.

277. Mémoire des tableaux faits par Pierre Pigalle pour M. Portail, garde des tableaux du roi (vers 1752); pièce

communiquée par M. Benjamin Fillon et annotée par M. A. de Montaiglon.

Nouvelles Archives de l'Art français, 1872, p. 335.

278. Pigalle. — La Statue de Voltaire (1770).

Note signée A. de M.
Revue de l'Art français, 1886, 3e année, p. 265-266.

279. Le mausolée de M. de Pollinchove (à Douai) est-il de Pigalle?

Note signée A. de M.
L'Intermédiaire, 1887, col. 485.

280. Germain Pilon. Deux quittances, communiquées par M. Anatole de Montaiglon.

Archives de l'Art français, t. I (1851-1852), p. 327-328.

281. Acte de donation et de disposition d'héritage fait par Germaine Durand, veuve du sculpteur Germain Pilon, en faveur des enfants de sa fille. Février 1620. [Publié et commenté par M. de Montaiglon.]

Nouvelles Archives de l'Art français, 1872, p. 212-216.

282. Le Peintre François Porbus et le sculpteur lorrain Nicolas Cordier.

Note signée A. de M.
Bulletin de la Société de l'histoire de l'Art français, 1877, p. 142-143.

283. Le Graveur padouan Girolamo Porro.

Le *Moniteur du Bibliophile,* tome II, n° du 1er février 1880, p. 369-374.

284. Quittance de Jehan Poucin, maçon, pour les réparations par lui faites au château de Vernon (novembre 1437);

document communiqué par M. Th. Bonnin, avec une
note de M. A. de Montaiglon sur la famille de Nicolas
Poussin.

Nouvelles Archives de l'Art français, 1872, p. 134-136.

285. Nicolas Poussin. Lettres de Louis Fouquet à son frère,
Nicolas Fouquet (1655-1656). Fragments communiqués
par M. E. de Lépinois et précédés d'une note de M. A. de
Montaiglon sur Poussin, sculpteur.

Archives de l'Art français, 2ᵉ série, t. II (1862), p. 267-309.

286. Réponse du citoyen Hacquin, restaurateur de tableaux,
au citoyen Picault, relativement aux restaurations des tableaux du Muséum, précédée d'une note sur l'un des premiers tableaux du Poussin.

Revue universelle des Arts, 1863, t. XVIII, p. 156-162.

287. Mémoire des pièces (dessins, estampes, statues et bustes
antiques) qui se sont trouvées dans le cabinet de M. Nicolas Poussin, et qui sont présentement à vendre entre les
mains du sieur Jean Dughet, son héritier, en 1678. Document communiqué par M. Léopold Delisle, et précédé
d'une note par M. A. de Montaiglon.

Archives de l'Art français, documents, t. VI (1858-1860), p. 241-
254.

288. D'une nouvelle étude sur Poussin.

Compte rendu critique, signé Charles Robert, d'une étude de
Charles Clément sur Poussin, publiée par la *Revue des Deux-Mondes.*
Le Théâtre, nº du 27 février 1850.

289. *L'Industrie,* statue de Pradier au palais de la Bourse.

Le Théâtre, nº du 18 juin 1851.

290. Pradier.

Article nécrologique, suivi d'un « Essai de catalogue des ouvrages de M. Pradier ».
La Lumière, n° du 19 juin 1852.

291. Thomas Privé et Robert Loisel, sculpteurs de Paris; Geoffroy des Vignes, Jean Le Conte et Pierre Lesvignière, sculpteurs normands. Monument de Duguesclin à Saint-Denis et au prieuré de Longueville (1397 et 1467). Pièces communiquées par M. Ch. de Beaurepaire et annotées par M. A. de Montaiglon.

Archives de l'Art français, documents, t. III (1853-1855), p. 129-136.

292. Sur un dessin de Prud'hon du cabinet de M. de Pourtalès (*Pâris et Hélène*).

Article signé Charles Robert.
Le Théâtre, n° du 8 décembre 1849.

293. Lettres écrites par Pierre-Paul Prud'hon à MM. Devosge et Fauconnier pendant son voyage d'Italie (1784-1787), publiées par M. Frédéric Villot d'après les originaux possédés par lui-même et par MM. Joliet, Saint-Père et Pelée.

Notes de M. A. de Montaiglon.
Archives de l'Art français, documents, t. V (1857-1858), p. 97-170.

294. Pierre Prudhon. Projet de colonne monumentale à la gloire des armées françaises (1804). Document communiqué par M. Bérard et annoté par M. A. de Montaiglon.

Archives de l'Art français, documents, t. VI (1858-1860), p. 340-350.

295. Lettre de P.-P. Prudhon (1819) [au sujet de son *Assomp-*

tion]. Communiquée par M. Benjamin Fillon et annotée par M. de Montaiglon.

Nouvelles Archives de l'Art français, 1873 [t. II], p. 440-441.

296. Pierre de Raimbeaucourt, miniaturiste douaisien. Souscription d'un missel exécuté en 1323. Document annoté par M. Anatole de Montaiglon.

Archives de l'Art français, documents, t. IV (1855-1856), p. 311.

297. Raon et Desjardins. Pièce communiquée par M. B. Fillon et annotée par M. de Montaiglon (1674).

Nouvelles Archives de l'Art français, 1874-1875 [t. III], p. 208.

298. Essai sur les principes de la peinture. Conférence inédite de Jean Restout, lue en 1755 [publiée par M. Anatole de Montaiglon].

Réunion des Sociétés des Beaux-Arts des départements à la Sorbonne, du 8 au 11 avril 1885, 9e session, p. 353-365. Les observations de M. de Montaiglon sur cette conférence occupent les p. 353-354. Tirage à part sous le même titre : *Paris*, Plon, in-8°; 13 pages.

299. Note sur les *Della Robia*, de M. Barbet de Jouy, et la *Sépulture chrétienne*, de M. Murcier.

La Propriété littéraire, n° du 1er juin 1855, pages 342-343.

300. [Communication à la Société des Antiquaires de France, séance du 2 juin 1886, sur la lecture d'une inscription énigmatique d'un bas-relief de della Robbia.]

Bulletin de la Société nationale des Antiquaires de France, 1886, p. 207.

301. Robertus, vitrearius (XIIe siècle).

Document communiqué par M. de Mély, et précédé d'une introduction d'une demi-page, signée A. de M.

Revue de l'Art français, 1886, 3e année, p. 305-306.

302. Roger de Rogeri.

Acte passé à Paris, le 22 janvier 1587, annoté par M. de Montaiglon.
Archives de l'Art français, 2e série, t. II (1862), p. 370-371.

303. [Restitution au sculpteur génois Andrea Schiaffino d'une statue anonyme, en marbre, du maréchal duc de Richelieu, conservée au musée du Louvre.]

L'Intermédiaire, 1864, p. 24-25.

304. Michel Serre. Son brevet de peintre des galères du Roi. Communiqué et annoté par M. Anatole de Montaiglon.

Archives de l'Art français, t. I (1851-1852), p. 333-337.

305. Pierre Sevin (1689).

Note sur ce peintre lyonnais, signée A. de M.
Revue de l'Art français, 2e année, 1885, p. 149-150.

306. Michel-Ange Slodtz. Lettres communiquées et annotées par M. A. de Montaiglon.

Archives de l'Art français, documents, t. IV (1855-1856), p. 100-104.

307. La Vierge au coussin vert, d'Andrea Solario.

L'Artiste du 8 août 1847, p. 100-103.

308. Jehan Solas, sculpteur de Paris. Marché de quatre bas-reliefs pour le tour du chœur de la cathédrale de Chartres (2 janvier 1519). Pièce communiquée par MM. Lucien Merlet et Emile Bellier de la Chavignerie, annotée par M. A. de Montaiglon.

Archives de l'Art français, documents, t. IV (1855-1856), p. 194-199.

309. L'auteur de *la Passion* gravée par Claudine Stella n'est

point Nicolas Poussin, mais Jacques Stella. Lettre à
M. Paul Chéron, de la Bibliothèque impériale.

Revue universelle des Arts, t. IX, 1859, p. 97-122.

310. Le Graveur Striedbeck.

Note signée A. M.
L'Intermédiaire, 1874, col. 695-696.

311. Swebach. Lettre communiquée par M. A. de Montaiglon.

Archives de l'Art français, documents, t. IV (1855-1856), p. 96.

312. Brevet de réception à l'Académie royale de peinture et
de sculpture du sculpteur lyonnais Jean Thierry, novembre
1717.

Nouvelles Archives de l'Art français, 1872, p. 312-313.

313. La *Mise au Tombeau* du Titien, par Anatole de Montaiglon.

Gazette des Beaux-Arts, 19e année, 2e période, t. XV (1877),
p. 69-79.
Tiré à part à 50 exemplaires, grand in-8° de 12 pages, sans titre.

314. Barthélemy Tremblay.

Reconnaissance d'une dette, datée du 7 janvier 1610; document
annoté par M. de Montaiglon.
Archives de l'Art français, 2e série, t. II (1862), p. 369.

315. Valaperta. Un Portrait de Jean-Jacques Rousseau.

Revue de l'Art français, 2e année, 1885, p. 4.

316. [Introduction, signée A. de M., au texte d'un document relatif à Pierre Vallet, brodeur du roi.]

Archives de l'Art français, 2e série (Tross), t. I, p. 171-172.

317. Les Poètes anglais et Van Dyck.

Traduction de trois pièces de Waller, Halifax et Abraham Cowley.
Journal des Beaux-Arts et de la Littérature (de Belgique), n° du
29 février 1864, p. 28-29.

318. Van Dyck en France.

Note signée A. de M.
Revue de l'Art français, 1re année, 1884, p. 5-6.

319. [Note, signée A. de M., sur deux documents concernant le peintre Jacques Van Loo.]

Archives de l'Art français, 2e série (Tross), t. I (1861), p. 443-444.

320. [Communication sur une *Mise au Tombeau* de Varin, conservée à Beauvais dans la collection de M. de la Herche].

Revue de l'Art français, 4e année, 1887, p. 21 (note).

321. Veniat ou Venjat.

Note signée A. de M. sur ce menuisier du XVIIe siècle.
Revue de l'Art français, 1re année, 1884, p. 102 et 137-139.

322. [Introduction de dix lignes, signée A. de M., à la publication d'« actes de l'état civil relatifs à la famille des Vernet ».]

Archives de l'Art français, 2e série (Tross), t. I (1861), p. 163.

323. Portrait équestre du Président de la République, peint par M. Horace Vernet.

Article signé Charles Robert.
Le Théâtre, n° du 13 février 1850.

324. Joseph Vernet. Pièces et notes pour servir à l'histoire

de ses tableaux des ports de France. Communiquées par MM. Léon Lagrange et A. de Montaiglon.

Archives de l'Art français, documents, t. IV (1855-1856), p. 139-163.

325. Joseph Vernet. Lettre à M. de Marigny (14 avril 1773), communiquée par M. Fossé-Darcosse et annotée par M. A. de Montaiglon.

Archives de l'Art français, documents, t. V (1857-1858), p. 200.

326. Les Deux *Jeanne Hachette,* de MM. Vital-Dubray et Bonnassieux.

La première de ces statues était alors en face du pont des Arts, en attendant qu'elle fût transportée à Beauvais; la seconde, au palais du Luxembourg, où elle est encore aujourd'hui.

Le Théâtre, n° du 28 juin 1851.

327. [Observations présentées par M. de Montaiglon, à propos des archives des notaires, sur la perte, à la suite d'une inondation, du testament de Léonard de Vinci, conservé chez un notaire d'Amboise.]

Réunion des Sociétés des Beaux-Arts des départements à la Sorbonne, du 31 mai au 4 juin 1887, 11e session, p. 6.

328. Une Lettre de Volpato.

Lettre de ce graveur à Jean-Frédéric Frauenholt, datée de Rome, 3 mars 1792, et précédée d'une lettre d'introduction, signée A. de M.

Journal des Beaux-Arts et de la Littérature, n° du 30 juin 1864.

329. Actes de décès d'Aubin et de Simon Vouet, peintres (1641-1649), annotés par M. A. de Montaiglon.

Archives de l'Art français, documents, t. V (1857-1858), p. 215-216.

33o. Simon Vouet (1636).

Note signée A. de M.
Revue de l'Art français, 2e année, 1885, p. 115-116.

331. Conrad et Henri de Vulcop, peintres de Charles VII et de sa femme Marie d'Anjou (1454-1455). Documents communiqués par M. Douet d'Arcq et annotés par M. A. de Montaiglon.

Archives de l'Art français, documents, t. III (1853-1855), p. 369-372.

332. Jean-Georges Wille.

Archives de l'Art français, 2e série, t. II (1862), p. 31-33.

333. Yvonnet, sculpteur poitevin (1444). Note de M. A. de Montaiglon.

Nouvelles Archives de l'Art français, 1874-1875 [t. III], p. 161-162.

ARCHÉOLOGIE

ARCHÉOLOGIE EN GÉNÉRAL

334. La Statue équestre de Clélie.

Les Beaux-Arts, revue nouvelle, t. IV, 1er semestre de 1862, p. 353-362. — A la séance de la Société des Antiquaires de France du 19 novembre 1853, M. de Montaiglon avait fait, sur le même sujet, une communication, dont *l'Athenæum* du 10 décembre suivant (p. 1183) contient un compte-rendu assez détaillé.

335. Le Vinaigre d'Annibal.

Article signé A. de M.
L'Intermédiaire, 1864, p. 143-144.

336. [Communication à la Société des Antiquaires de France, séance du 21 novembre 1877, sur la fausse lecture d'un nom de potier, INIVOI, qu'il faut lire IOVINI.]

Bulletin de la Société nationale des Antiquaires de France, 1877, p. 193.

337. Peutinger.

Note signée A. de M.
L'Intermédiaire, 1884, col. 210.

338. Conjectures sur le procédé de fabrication des forts vitri-fiés, d'après les fragments réunis au musée de Sèvres. Obser-vations à propos de la note de M. J. Marion.

Revue des Sociétés savantes des départements, 4e série (1866), t. IV, p. 317-321.

339. [Observations présentées à la Société des Antiquaires
de France, séance du 16 mai 1883, sur une bague byzan-
tine, datant sans doute du commencement du VIe siècle.]

Bulletin de la Société nationale des Antiquaires de France, 1883,
p. 303.

340. Rapport sur une bague carolingienne communiquée
par M. Georges Tholin.

*Bulletin archéologique du Comité des travaux historiques et scienti-
fiques*, année 1891, p. XXII.

341. Il Sacro Catino.

Note signée A. de M.
L'Intermédiaire, 1875, col. 700.

342. Le Vase du Christ pendant la Cène.

Note signée A. de M.
L'Intermédiaire, 1887, col. 428.

343. Note sur un ivoire représentant les Litanies de la Vierge.

Bulletin du Comité des travaux historiques et scientifiques. Archéologie.
Année 1885, p. 115-118.

344. [Observations présentées à la Société des Antiquaires de
France, séance du 9 juin 1885, sur les ivoires faux.]

Bulletin de la Société nationale des Antiquaires de France, 1886,
p. 213.

345. [Communication à la Société des Antiquaires de France,
séance du 2 février 1887, sur l'emploi de l'expression : *Ouvrage de semin*.]

Bulletin de la Société nationale des Antiquaires de France, 1887,
p. 80-82.

346. De quelques inscriptions en vers.

Revue de l'Art chrétien, t. VIII (1890), 1re et 2e livraisons. Tiré à
part sous le même titre; petit in-4°; 19 pages.

347. [Communication à la Société des Antiquaires de France,
séance du 17 avril 1872, sur « une broche en argent, du
XIVe siècle, découverte près de Poitiers ».]

Bulletin de la Société nationale des Antiquaires de France, 1872,
p. 104.

348. Filigranes de papiers du XIVe siècle. Rapport sur une
communication de M. Jules-Marie Richard.

Bulletin du Comité des travaux historiques et scientifiques. Archéologie,
année 1888, p. 66-67.

349. [Communication à la Société des Antiquaires de France,
séance du 13 mai 1885, au nom de M. Maxe-Werly,
d'une « espèce d'armature en fer forgé qu'il suppose avoir
servi à maintenir la fraise dans le costume des femmes à
l'époque des Valois ».]

Bulletin de la Société nationale des Antiquaires de France, 1885,
p. 185.

350. [Note lue à la Société des Antiquaires de France, séance
du 17 mai 1876, sur « une plaque de corporation du
XVIIe siècle », communiquée par M. Egger.]

Bulletin de la Société nationale des Antiquaires de France, 1876,
p. 124-127.

351. [Note lue à la Société des Antiquaires de France, séance
du 17 décembre 1879, sur les inscriptions que portent cer-
tains tombeaux basques des XVIIe et XVIIIe siècles.]

Bulletin de la Société nationale des Antiquaires de France, 1879,
p. 289-292.
Réimprimée par la *Société Ramond* et tirée à part sous ce titre :
Tombes basques du cimetière d'Itxassu; in-8, 4 pages.

8

352. Notice historique et bibliographique sur Jean Pèlerin, dit le Viateur, chanoine de Toul, et sur son livre *De artificiali perspectiva,* par M. Anatole de Montaiglon. *Paris,* Tross, 1860, in-fol.

Reproduction, en fac-simile de l'édition de 1509, précédée d'une préface de 3 pages. Un avertissement du libraire, en date du 15 novembre 1860, annonce pour le mois de janvier suivant la publication de l'ouvrage de Jean Pèlerin, avec une préface plus étendue, en deux formats, in-fol. et in-8. Cette double publication a eu lieu, en effet, sous le même titre, et porte la date de 1861.

353. Mémoires pour servir à l'histoire des Maisons royalles et Bastimens de France, par André Félibien, sieur des Avaux; publiés pour la première fois d'après le manuscrit de la Bibliothèque nationale. *Paris,* Baur, 1874, in-8; XIV-104 pages, plus une planche gravée.

Publication de la Société de l'histoire de l'Art français. Sans nom d'éditeur. L'introduction et les notes qui terminent le volume (p. 92-104) sont signées A. de M.

ARCHÉOLOGIE ET HISTOIRE LOCALES

(Dans l'ordre alphabétique des noms de villes.)

354. [Rapport sur les documents publiés par M. Alcius Ledieu, relatifs aux dépenses de la ville d'Abbeville à l'occasion du second mariage de Louis XII.]

Bulletin du Comité des travaux historiques et scientifiques. Archéologie, année 1884, p. 243-245.

355. [Rapport sur un récit de l'entrée de Charles VIII à Abbeville, en 1493, communiqué par M. Alcius Ledieu.]

Bulletin du Comité des travaux historiques et scientifiques. Archéologie, année 1888, p. 15-16.

356. Rapport sur un cercueil de plomb trouvé à Amiens.

Revue des Sociétés savantes des départements, 6e série (1875), t. I,
p. 102-104.

357. Les Statues d'Apôtres du château d'Anet.

Bulletin de la Société de l'histoire de l'Art français, 1877, p. 136-137.

358. Diane de Poitiers et son goût dans les arts.

Gazette des Beaux-Arts, 20e année, 2e période, t. XVII (1878),
p. 289-304, et 21e année, 2e période, t. XX (1879), p. 151-177.

Tiré à part à cent exemplaires sous ce titre : *Diane de Poitiers et son
goût dans les arts; Notes sur le château d'Anet à propos du livre de
M. Roussel;* par Anatole de Montaiglon. *Paris,* Detaille, 1879,
grand in-8°; 41 pages, avec gravures.

359. L'Épitaphe de Michel Villoiseau, évêque d'Angers au
XIIIe siècle.

Revue des Sociétés savantes des départements, 5e série (1873), t. V,
p. 140 *bis.*

360. Les Fêtes d'Anvers. Lettre aux directeurs de la *Revue
universelle des Arts.*

Compte-rendu sous forme de lettre, daté de « Croissy, 3 septembre
1861 ».

Revue universelle des Arts, t. XIII, 1861, p. 395-408.

361. Rapport sur une notice manuscrite sur la Madone du
pèlerinage d'Arcachon (Gironde), par M. l'abbé T. Gri-
mot.

Revue des Sociétés savantes des départements, 5e série (1875), t. VIII,
p. 475-476.

362. Inscription mise au IXe siècle sur le tombeau de saint
Césaire d'Arles.

Archives de l'Art français, documents, t. V (1857-1858), p. 51-53.

363. [Communication à la Société des Antiquaires de France, séance du 19 mars 1862, de « carreaux émaillés trouvés dans les fondements du château de Beauté ».]

Bulletin de la Société impériale des Antiquaires de France, année 1862, p. 44-45.

364. [Communication à la Société des Antiquaires de France, séance du 2 mai 1877, de « carreaux émaillés trouvés en 1860, à Nogent-sur-Marne, sur l'emplacement du château de Beauté, construit par Charles V », et explications à ce sujet.

Bulletin de la Société nationale des Antiquaires de France, 1877, p. 132-136.

365. L'Abbaye de Saint-Aphrodise, à Béziers.

Note signée A. de M.
L'Intermédiaire, 1875, col. 24-25.

366. [Rapport sur des « notes de M. A. Dupré… sur quelques émailleurs de Blois, sur le sculpteur blésois Gaspar Imbert, et sur quelques ouvrages de sculpture conservés à Blois ».]

Revue des Sociétés savantes des départements, 6e série (1875), t. I, p. 95-97.

367. Une Statue de Louis XVI [à Bordeaux].

Note signée A. de M.
L'Intermédiaire, 1878, col. 118-119.

368. Représentation sculptée de la Trinité pour l'église Saint-Germain de Breulx [Breux], près d'Évreux.

Archives de l'Art français, documents, t. V (1857-1858), p. 202.

369. [Observations présentées à la Société des Antiquaires de France, séance du 11 avril 1877, sur un « fragment céra-

mique et un carreau émaillé trouvés à Chantemerle, près de Sézanne (Marne) ».]

Bulletin de la Société nationale des Antiquaires de France, 1877, p. 114-117.

370. [Observations sur le même sujet, présentées en réponse à une lettre de M. Hucher, à la séance de la Société des Antiquaires de France du 3 avril 1878.]

Bulletin de la Société nationale des Antiquaires de France, 1878, p. 99-100.

371. Date de la reconstruction du château de Claveyson, en Dauphiné (1508). Note de M. A. de Montaiglon.

Archives de l'Art français, documents, t. V (1857-1858), p. 91.

372. [Préambule, signé A. de M., à une communication de M. Georges Guigue intitulée « Nouvelles Pièces sur le mausolée de la Maison de Bouillon préparé pour être érigé dans l'abbaye de Cluny ».]

Revue de l'Art français, 1890, p. 321-322.

373. [Communication à la Société des Antiquaires de France, séance du 3 novembre 1869, sur un « petit édicule antique » situé dans la forêt de Conches, et dans lequel on a trouvé des armes de pierre très usées.]

Bulletin de la Société impériale des Antiquaires de France, année 1869, p. 137.

374. [Communication au Comité des travaux historiques sur les cuisines du palais des ducs de Bourgogne à Dijon.]

Revue des Sociétés savantes des départements, 5e série (1870), t. II, p. 138-140.

375. [Rapport sur une communication de M. Dusevel rela-

tive aux comptes de dépenses faites pour les fortifications de Doullens.]

Revue des Sociétés savantes des départements, 5e série (1870), t. II, p. 430-431.

376. [Communication à la Société de l'Histoire de Paris, séance du 10 novembre 1874, sur un plan manuscrit du château de Dourdan au XVIe siècle.]

Bulletin de la Société de l'histoire de Paris et de l'Ile-de-France, 1874, p. 67-68.

377. [Détails fournis à la Société des Antiquaires de France, séance du 11 avril 1883, sur les peintures du château de Fleury-en-Bière (Seine-et-Marne).]

Bulletin de la Société nationale des Antiquaires de France, 1883, p. 162.

378. Chapelle du château de Fontainebleau.

Archives de l'Art français, 2e série, t. II (1862), p. 349-366.

379. Vente du mobilier du château de Fontainebleau pendant la Révolution.

Réimpression, avec notes, de documents publiés dans le livre de E. Jamin : *Fontainebleau, Précis historique,* 1854, in-12.

Nouvelles Archives de l'Art français, 2e série, t. III, 9e volume de la collection (1882), p. 265-269.

380. Marché passé à Fontenay-le-Comte entre Mme de La Boulaye et des fabricants de tapisserie d'Aubusson et de Felletin pour la façon d'une garniture de chambre représentant l'histoire d'Esther (avril 1619), communiqué par M. Benjamin Fillon [et commenté par M. de Montaiglon].

Nouvelles Archives de l'Art français, 1872, p. 191-193.

381. Contrat pour la décoration du tombeau [dans l'église de

Goussainville] de Marie de Billy, veuve de messire Jean de
Nicolay (28 juin 1597), communiqué par M. Arthur de
Boislisle et annoté par M. de Montaiglon.

Nouvelles Archives de l'Art français, 1874-1875 [t. III], p. 179-182.

382. [Observations présentées à la Société des Antiquaires de
France, séance du 3 novembre 1869, à la suite d'une com-
munication sur une dalle funéraire de l'église de Kalocsa
(Hongrie), bâtie au XIIIe siècle.]

Bulletin de la Société impériale des Antiquaires de France, année 1869,
p. 137.

383. [Communication à la Société des Antiquaires de France,
· séance du 20 janvier 1886, sur un sceau de l'abbaye de
Loya, en Espagne.]

Bulletin de la Société nationale des Antiquaires de France, 1886,
p. 69.

384. Les Tableaux et les statues de Lyon au XVIIe siècle, par
I. de Bombourg, Lyonnois, avec des extraits de la *Description de Lyon* d'André Clapasson, et quelques notes nouvelles par MM. F. Rolle et A. de Montaiglon.

Archives de l'Art français, 2e série, t. II (1862), p. 99-175.

385. Collection des opuscules lyonnais, n° 2. A. de Montaiglon : Un Voyageur anglais à Lyon sous Henri IV
(1608). *Lyon*, librairie générale, Henri Georg, 1880, in-8°;
23 pages.

Au verso du titre : « Extrait de la *Revue du Lyonnais* de mai et
juin 1880, et tiré à part à 120 exemplaires. »

386. Pieds et toises de Lyon.

Note sur les mesures lyonnaises comparées à d'autres mesures, signée A. de M.
Revue de l'Art français, 2e année, 1885, p. 166-168.

387. [Analyse d'un rapport verbal sur une communication de
    M. Marchegay relative à un atelier monétaire établi, au
    XIVe siècle, dans une localité de la Guyenne nommée en
    latin *Medicinum,* et *Mesin* en langue vulgaire.]

Revue des Sociétés savantes des départements, 5e série (1872), t. III,
p. 283.

388. [Rapport sur un inventaire du trésor de l'abbaye de
    Moissac en 1669, communiqué par M. Bourbon, archi-
    viste du département de Tarn-et-Garonne.]

Revue des Sociétés savantes des départements, 6e série (1876), t. II,
p. 232-233.

389. Le Mont Saint-Michel.

Gazette des Beaux-Arts, 19e année, 2e période, t. XVI (1877),
p. 105-129.
Tiré à part à soixante exemplaires, dont dix sur papier de Hollande.
Paris, Detaille, 1877, grand in-8°; 25 pages.

390. Le Tombeau du duc de Montmorency à Moulins.

Revue universelle des Arts, t. VIII, 1858, p. 30-44.

391. Notice sur un parement d'autel en soie, du temps de
    Charles V, provenant de la cathédrale de Narbonne.

Bibliothèque de l'École des Chartes, 3e série, t. III (1852), p. 552-
558.

392. Ovilé [Haut-Villers].

Article signé A. de M.
L'Intermédiaire, 1876, col. 695-696.

393. [Communication à la Société des Antiquaires de France,
    séance du 13 janvier 1875, sur l'étalon de la mine de Paris
    au moyen-âge.]

Bulletin de la Société nationale des Antiquaires de France, 1875,
p. 45-46.

394. [Communication à la Société de l'histoire de Paris, séance du 12 juin 1883, sur « un passage relatif au grand hiver de 1481 à Paris, qui se trouve dans la Chronique de Benoît Maillard, grand-prieur de l'abbaye de Savigny-en-Lyonnois, publiée par Georges Guigue en 1883 ».]

Bulletin de la Société de l'histoire de Paris et de l'Ile-de-France, 10e année, 1883, p. 79.

Le passage communiqué a été imprimé dans le même volume, p. 143.

395. Candélabres offerts par la ville de Paris à la reine Aliénor (mars 1531).

Archives de l'Art français, documents, t. V (1857-1858), p. 266-267.

396. [Note complémentaire sur les candélabres offerts par la ville de Paris à la reine Éléonor (1531).]

Archives de l'Art français, documents, t. VI (1858-1860), p. 365-370.

397. Un Récit contemporain de la chute du Pont-aux-Meuniers, à Paris, en 1596, annoté par M. Anatole de Montaiglon, membre résidant. Mémoire lu dans les séances des 2 avril 1861 et 20 août 1862.

Mémoires de la Société impériale des Antiquaires de France, 3e série, t. VII (1864), p. 96-121. — Tiré à part sous le même titre; *Paris,* imp. Lahure, s. d., in-8o; 26 pages.

398. Bibliothèques de Paris en 1644. Table, par ordre alphabétique, des collections parisiennes citées par le P. Jacob.

Annuaire du Bibliophile, du Bibliothécaire et de l'Archiviste, pour l'année 1862, publié par Louis Lacour, p. 71-74.

M. de Montaiglon est désigné, dans un court préambule de l'éditeur, comme étant l'auteur de cette table.

399. La Rymaille sur les plus célèbres bibliotières de Paris en 1649.

Réimpression d'une pièce de vers, précédée d'une préface signée Anatole de Montaiglon; les notes sont signées A. M.

Annuaire du Bibliophile, du Bibliothécaire et de l'Archiviste, pour l'année 1861, publié par Louis Lacour, p. 134-141.

400. Pièce sur le renvoi des bouquinistes du Pont-Neuf. — 1650.

Réimpression d'une pièce de vers, précédée d'une préface de 5 pages.

Annuaire du Bibliophile, du Bibliothécaire et de l'Archiviste, pour l'année 1861, publié par Louis Lacour, p. 126-134.

401. Les Curiositez de Paris, réimprimées, d'après l'édition originale de 1716, par les soins de la Société d'encouragement pour la propagation des livres d'art [par M. de Montaiglon]. *Paris*, Quantin, 1883, grand in-8°; i-x, 1-x et 399 pages.

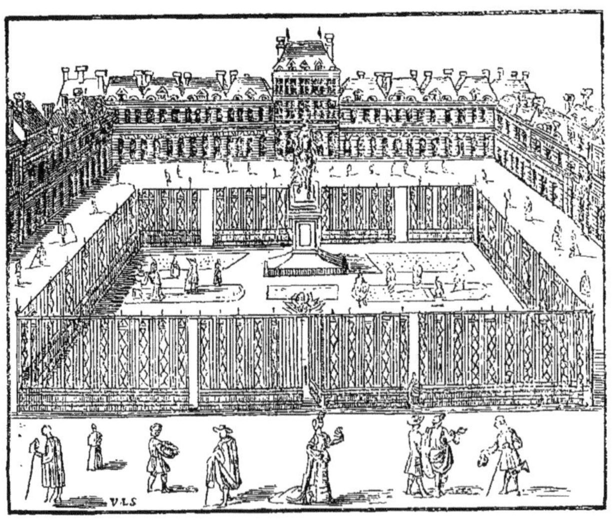

LA PLACE ROYALE

402. Le Plan de Paris de 1740 et l'Académie de peinture.

Bulletin de la Société de l'histoire de Paris et de l'Ile-de-France, 1886, p. 127-128.

403. [Révision de la traduction du *Voyage de Rombise à Paris* publiée par M. Paul Lacombe au tome XIII, 1887, des *Mémoires de la Société de l'histoire de Paris et de l'Ile-de-France*, p. 274-288.]

404. Extraits du Nécrologe manuscrit des Filles de l'Ave-Maria de Paris, communiqués par M. Jules Cousin [et annotés par M. de Montaiglon].

Archives de l'Art français, documents, t. V (1857-1858), p. 268-269.

405. Joyaux et pierreries donnés au couvent des Grands-Carmes de la place Maubert, à Paris, par la reine Jeanne d'Évreux, en 1349 et 1361.

Publication de documents, précédée d'une note de douze lignes signée A. de M.

Archives de l'Art français, 2ᵉ série (Tross), t. I, p. 448-453.

406. Imprimerie particulière des Chartreux.

Le Moniteur du Bibliophile, t. Iᵉʳ, nᵒ du 1ᵉʳ mars 1878, p. 29-30.

407. Inventaire des tableaux qui restaient encore aux Chartreux de Paris en 1790.

Archives de l'Art français, documents, t. IV (1855-1856), p. 215-224.

408. Sainte Joarra [*sic*, lisez Joanna].

Note, signée A. de M., relative à une peinture de Notre-Dame de Paris.

L'Intermédiaire, 1877, col. 306.

409. Tableaux de l'église des Quinze-Vingts (1780). Documents communiqués par MM. Léon Le Grand et Henri

Stein [précédés d'une introduction d'une page et demie, signée A. de M.].

Revue de l'Art français, 1886, 3e année, p. 163-167.

410. Un Document sur la Sainte-Chapelle. *Paris,* Champion, 1891, in-8; 8 pages.

411. [Communication à la Société de l'histoire de Paris, séance du 9 juin 1885, relativement à l'état de l'église de Saint-Julien-le-Pauvre, et aux démarches qu'il y aurait lieu de faire pour la conservation de ce monument.]

Bulletin de la Société de l'histoire de Paris et de l'Ile-de-France, 1885, p. 80.

412. [Note sur l'attribution d'un écusson décorant la chapelle absidale de l'église Saint-Laurent de Paris.]

Inventaire général des Richesses d'art de la France. Paris; Monuments religieux, t. I (1877), p. 313 et note 1.

413. La Châsse de Saint-Martin-des-Champs (1385).

Extrait du *Stilus supremæ Curiæ Parlamenti Parisiensis.*
Archives de l'Art français, 2e série, t. II, 1862, p. 212-213.

414. [Communication à la Société de l'histoire de Paris sur la chapelle funéraire de Charles Lebrun dans l'église Saint-Nicolas-du-Chardonnet.]

Bulletin de la Société de l'histoire de Paris et de l'Ile-de-France, 1889, p. 35.

415. Dépenses de la construction du Val-de-Grâce en 1666.

Archives de l'Art français, documents, t. V (1857-1848), p. 76-79.

416. [Communication à la Société de l'histoire de Paris, séance du 10 novembre 1874, sur un plan de la Bastille

avec inscription commémorative, conservé à l'Hôtel-de-Ville de Saumur.]

Bulletin de la Société de l'histoire de Paris et de l'Ile-de-France, 1874, p. 68.

417. Lettre du roi Henri IV au Parlement pour l'enregistrement des lettres-patentes relatives aux logements de la Galerie du Louvre. Communiquée et annotée par M. A. de Montaiglon.

Archives de l'Art français, documents, t. III (1853-1855), p. 312-314.

418. Promenades artistiques dans Paris. — I. Les Bas-reliefs de l'hôtel Colbert.

Les Beaux-Arts, revue nouvelle, t. I, 1860, p. 33-41.

419. Promenades artistiques dans Paris. — II. L'Hôtel de Scipion Sardini et ses médaillons en terre cuite.

Les Beaux-Arts, revue nouvelle, t. I, 1860, p. 161-166, 197-202.

420. [Communication à la Société des Antiquaires de France, séance du 20 mai 1857, sur l'hôtel, à Paris, de Scipion Sardini, gentilhomme de la cour de Henri III.]

Bulletin de la Société impériale des Antiquaires de France, année 1857, p. 99-101. — Réimprimé dans la *Revue universelle des Arts,* t. V, 1857, p. 461-463.

421. Les Tuileries et le Cours (1564-1700).

Annuaire général du département de la Seine pour l'année 1860, publié par Louis Lacour, col. 785-826.

422. [Rapport sur la visite faite par la Société des Anti-

quaires de France à l'hôtel Carnavalet. Notice lue à la séance de la Société du 20 mars 1867.]

Bulletin de la Société impériale des Antiquaires de France, 1866, p. 136-144.

Tiré à part; *Paris*, imp. Lahure, s. d., in-8°; 9 pages.

423. L'Architecture et la Sculpture à l'hôtel Carnavalet, par M. Anatole de Montaiglon, avec une eau-forte et treize dessins de M. Ludovic Letróne.

Gazette des Beaux-Arts, 23° année, 2e période, t. XXIV (1881), p. 5-28. — Tiré à part (*Paris*, Detaille, juillet 1881, gr. in-8°, 24 pages) à « cinquante exemplaires sur Hollande et à cinquante sur papier ordinaire ».

424. [Communication à la Société des Antiquaires de France, séance du 13 avril 1859, d'un « recueil de poésies latines et françaises publié en 1613 par Jacques Favereau, au sujet de la découverte d'une statuette de Mercure en bronze sur l'emplacement du palais du Luxembourg ».]

Bulletin de la Société impériale des Antiquaires de France, 1859, p. 105.

425. Palais du Luxembourg.

Notice de 6 pages in-folio, contenue au tome I, pages 41-46, de l'ouvrage intitulé *Paris dans sa splendeur*. *Paris*, Henri Charpentier, 1863, 3 vol. in-folio.

426. Les Anciennes Peintures des hôtels de la place Royale.

Deux articles, publiés, à la fin de 1847, dans un journal qu'il n'a pas été possible de retrouver.

427. Cylindre fait avec le métal de la statue équestre de Louis XV.

Bulletin de la Société de l'histoire de Paris et de l'Ile-de-France, 1876, p. 30-32.

428. Notice sur l'ancienne statue équestre, ouvrage de Daniello Ricciarelli et de Biard le fils, élevée à Louis XIII, en 1639, au milieu de la place Royale, à Paris, et détruite en août 1792 ; par M. Anatole de Montaiglon. *Paris,* J.-B. Dumoulin, décembre 1851, in-8°, 16 pages.

429. Histoire des statues équestres. Le premier Louis XIII de la place Royale.

Les Beaux-Arts, revue nouvelle, t. I, 1860, p. 321-328, 454-461 ; t. II, 1er semestre de 1861, p. 5-9 ; t. III, 2e semestre de 1861, p. 257-261, 321-327.

430. [Note sur la découverte d'une cave dans les fondations de l'ancienne église du Saint-Sépulcre.]

Bulletin de la Société impériale des Antiquaires de France, 1857, p. 142.

431. Chronique artistique.

A propos de la démolition du Château d'eau de la place du Palais-Royal et de l'église des religieuses du Calvaire, rue de Vaugirard. — Article signé C. R.

Le Théâtre, numéro du 16 février 1850.

432. La Fontaine des Innocents et les Naïades de Jean Goujon.

Note signée A. de M.
L'Intermédiaire, 1888, col. 520-521.

433. La Fontaine Richelieu, ou de la rue de Richelieu.

Note signée A. de M.
L'Intermédiaire, 1876, col. 707-708. — Cf. *ibid.,* 695.

434. La Restauration de la Porte Saint-Denis en 1782.

Extrait des procès-verbaux de l'Académie de Peinture, communiqué à l'occasion de la restauration de la Porte Saint-Denis en 1886. — Note signée A. de M.

Bulletin de la Société de l'histoire de Paris et de l'Ile-de-France, 1886, p. 51.

435. Édit de Louis XIV pour l'établissement de la Manufacture des tapisseries et des meubles de la Couronne aux Gobelins (novembre 1667). Communiqué par M. Jules Cousin et annoté par M. A. de Montaiglon.

Archives de l'Art français, documents, t. VI (1858-1860), p. 255-269.

436. Une Manufacture de tapisserie des Gobelins à Fulham et à Exeter.

Bulletin de la Société de l'histoire de l'Art français, 1876, p. 95-99. — Cf. *ibid.*, p. 125-126, une communication au sujet de cet article.

437. Le Café des Bains Chinois.

Note signée A. M.
L'Intermédiaire, 1874, col. 422-423.

438. Corboliolum.

Note, signée A. de M., sur une enseigne parisienne.
L'Intermédiaire, 1888, col. 316.

439. [Note sur les figures de M. Toussaint pour une maison du boulevard des Capucines.]

Le Temps du 25 mars 1849.

440. Une Maison de la rue Chanoinesse, à Paris.

Article signé A. de M.
L'Intermédiaire, 1884, col. 550-553.

441. Note sur les sculptures de la maison du Méridien, rue de Rivoli.

Revue universelle des Arts, t. Ier, 1855, p. 390-391.

442. Courses au Bois de Boulogne en 1651.

Note signée A. M.
L'Intermédiaire, 1885, col. 607-608.

443. Rapport sur des communications de MM. Orieux, Maximilien de Ring et T. Lacroix, relatives à des découvertes d'antiquités au Port-Fessard, dans la Loire-Inférieure, à Schilligheim, près de Strasbourg, et à Sennecé, près de Mâcon.

Revue des Sociétés savantes des départements, 5e série (1870), t. II, p. 431-435.

444. Abbaye de Psalmodi.

Note signée A. de M.
L'Intermédiaire, 1884, col. 251.

445. Armoiries de la ville de Reims.

Note signée A. de M.
L'Intermédiaire, 1882, col. 611-612.

446. Liste des artistes compris dans la liste des créanciers de l'archevêque de Reims (août 1645); note de M. A. de M.

Nouvelles Archives de l'Art français, 1872, p. 236-237.

447. [Observations présentées à la Société des Antiquaires de France, séance du 11 février 1880, sur « une mosaïque de Saint-Jean-de-Latran ».]

Bulletin de la Société nationale des Antiquaires de France, 1880, p. 89.

448. Sur la fontaine *delle Tartarughe* [à Rome].

Lettre adressée à M. Paul Lacroix sur l'auteur (Taddeo Landini) de cette fontaine; elle est imprimée au tome I, p. 547-550, du *Raphaël d'Urbin et son père Giovanni Santi*, par J.-D. Passavant, édition française, revue et annotée par M. Paul Lacroix; *Paris*, veuve Renouard, 1860, 2 vol. in-8°.

449. Statuts de la corporation des peintres de la ville de Rouen, donnés par le Bailli de Rouen (22 novembre 1507), et Statuts de leur confrérie de Saint-Luc, fondée dans

l'église de Saint-Herbland, de la même ville, le 17 septembre 1631, avec les listes des membres de la corporation vivants en 1713, celle de ses gardes de 1700 à 1713, et celle des maîtres de la confrérie de Saint-Luc de 1613 à 1714. Publiés, d'après l'édition de 1715, par M. A. de Montaiglon.

Archives de l'Art français, documents, t. VI (1858-1860), p. 179-212.

450. [Communication à la Société des Antiquaires de France, séance du 12 août 1857, d'un « dessin du battant de la fameuse cloche donnée à la cathédrale de Rouen par le cardinal Georges d'Amboise »].

Bulletin de la Société impériale des Antiquaires de France, 1857, p. 147.

451. [Communication à la Société des Antiquaires de France, séance du 12 mai 1869, sur divers objets anciens conservés au village de Saint-Bohaire, près de Blois.]

Bulletin de la Société impériale des Antiquaires de France, 1869, p. 110-112.

452. [Communication à la Société des Antiquaires de France, séance du 18 mars 1874, sur « une statue en bronze de l'époque de la Renaissance, retirée des dépendances du château de Saint-Cloud ».]

Bulletin de la Société nationale des Antiquaires de France, 1874, p. 86-88.

453. Note sur les bas-reliefs de François Marchand conservés à Saint-Denis.

Archives de l'Art français, documents, t. IV (1855-1856), p. 390-394.

454. [Observations présentées à la Société des Antiquaires de France, séance du 29 juillet 1885, sur la date du tom-

beau, dit de Frédégonde, conservé dans la basilique de Saint-Denis.]

Bulletin de la Société nationale des Antiquaires de France, 1885, p. 245.

455. [Communication à la Société des Antiquaires de France, séance du 21 novembre 1877, sur une bouteille trouvée à Saint-Florent (Aisne), et où l'on doit lire l'inscription *Caïa Evodia* ou *Caii Evodii*.]

Bulletin de la Société nationale des Antiquaires de France, 1877, p. 193.

456. [Communication à la Société des Antiquaires de France, séance du 12 juin 1872, sur un autel élevé dans la cathédrale de Sens par Tristan de Salazar, archevêque de Sens de 1475 à 1519.]

Bulletin de la Société nationale des Antiquaires de France, 1872, p. 115-116.

457. Antiquités et curiosités de la ville de Sens.

Gazette des Beaux-Arts, 22e année, 2e période (1880), t. XXI, p. 5-28, 149-163, 242-265, et t. XXII, p. 125-138, 228-245.

Tiré à part, sous le même titre, « à 50 exemplaires sur papier ordinaire et à 50 sur papier de Hollande ». *Paris*, Detaille, 1881, gr. in-8°; 90 pages.

458. [Communication à la Société des Antiquaires de France, séance du 11 février 1863, « sur deux inscriptions relevées à Sermoise, sur la route de Soissons à Braine ».]

Bulletin de la Société impériale des Antiquaires de France, 1863, p. 67-69.

459. Rapport sur une inscription de la cathédrale de Sois-

sons, d'après un estampage. Communication de M. Ad. Lance.

Revue des Sociétés savantes des départements, 5e série (1873), t. V, p. 489-490.

460. Rapport sur une communication de M. Cherbonneau, membre non résidant, relative à un sarcophage chrétien, découvert à Tipaza, en Algérie.

Revue des Sociétés savantes des départements, 5e série (1873), t. VI, p. 123-128.

461. Architectes troyens, 1395-1515.

Extrait, relatif à des architectes de Troyes, d'un livre du Père des Guerrois.

Nouvelles Archives de l'Art français, année 1872, p. 129-130.

462. Affaire Harmand, ex-bibliothécaire de la ville de Troyes. Expertise, Réquisitoire, Plaidoyers, Condamnation, d'après les documents originaux. *Troyes,* 1873, in-8°; IV et 196 pages.

Le rapport des experts, signé : LUDOVIC LALANNE — ANATOLE DE MONTAIGLON, occupe, dans ce volume, les pages 7-104.

463. Note sur les sculpteurs qui ont travaillé à Vaux, et sur la question de savoir ce que Pierre Puget a pu faire pour le Surintendant.

Archives de l'Art français, documents, t. VI (1858-1860), p. 19-22.
Cette note a été réimprimée dans le travail de M. E. Grésy intitulé : *Château de Vaux-le-Vicomte. Documents sur les artistes qui ont travaillé pour le surintendant Fouquet, avec des notes de M. A. de Montaiglon. Meaux,* 1861, in-8.

HISTOIRE LITTÉRAIRE

ÉDITIONS

(Dans l'ordre chronologique des textes.)

464. Fragment d'un dialogue latin du IXe siècle entre
Térence et un bouffon, publié d'après un manuscrit de la
Bibliothèque nationale. (No 8069 de l'ancien fonds latin.)

L'Amateur de livres, nos 9-10, 1er-15 mai 1849, p. 129-146.
Tiré à part sous le même titre. — *Paris*, Guiraudet et Jouaust,
octobre 1849. In-8, 20 pages, pap. vergé. — Au verso du titre :
« Extrait du journal *l'Amateur de livres*, et tiré à 50 exemplaires. »

465. Li romans de Dolopathos, publié pour la première fois
en entier, d'après les deux manuscrits de la Bibliothèque
impériale, par MM. Ch. Brunet et A. de Montaiglon.
Paris, Jannet, novembre 1856, in-16; XXXII et 454 pages.

Collection de la *Bibliothèque elzévirienne*.

466. Le Livre de Geta et de Birria, ou l'Amphitryonéïde,
poème latin de Vital de Blois, auteur du XIIe siècle, traduit en français. — *Paris*, 1848, in-8, 32 pages, autographié. — A la fin : « Tiré à soixante-quinze exemplaires. »

467. Le Livre de Geta et de Birria, ou l'Amphitryonéïde,
poème latin du XIIe siècle, composé par un auteur

inconnu, nommé Vitalis, et publié, d'après cinq manuscrits de la Bibliothèque nationale, par M. Anatole de Montaiglon. — *Paris,* Didot, octobre 1848, in-8; 1 feuillet de titre et 32 pages.

Au verso du titre, la note suivante : « Tiré à cinquante exemplaires. »

« En faisant tirer à part ce travail, je le laisse tel qu'il a paru dans la *Bibliothèque de l'École des Chartes.* Mais je compte, d'ici à très peu de temps, en publier une nouvelle édition, dans laquelle je refondrai, dans ce qui en aura besoin, le travail préliminaire, et j'ajouterai le reste des variantes des manuscrits de Paris, que le défaut de place avait fait retrancher, avec celles des publications allemande et anglaise, de manière à résumer toutes les éditions dans cette dernière. J'y joindrai aussi, comme appendice, une courte étude sur les Amphitryons dramatiques.

« A de M. »

(Extrait de la *Bibliothèque de l'École des Chartes,* 2e série, t. IV, p. 474.)

468. Aliscans, chanson de geste. Publiée, d'après le manuscrit de la Bibliothèque de l'Arsenal et à l'aide de cinq autres manuscrits, par MM. F. Guessard et A. de Montaiglon. *Paris,* Franck, 1870, petit in-8; LXIX et 328 pages.

Collection des *Anciens Poètes de la France.*

469. L'Amant rendu Cordelier à l'observance d'amours. Poème attribué à Martial d'Auvergne, publié, d'après les manuscrits et les anciennes éditions, par A. de Montaiglon. *Paris,* Didot, 1881, in-8; XXIII et 200 pages.

Publication de la *Société des Anciens textes français.*

470. La Vie de saint Grégoire le Grand, publiée par M. de Montaiglon.

Romania, t. VIII (1879), p. 509-544.
Tirage à part sous le même titre. *Paris,* 1879, in-8, avec la pagination de la *Romania.*

471. Recueil général et complet des fabliaux des XIIIe et
XIVe siècles, imprimés ou inédits, publiés *avec notes et
variantes*[1], d'après les manuscrits, par MM. Anatole de
Montaiglon et [à partir du tome II] Gaston Raynaud.
Paris, Librairie des Bibliophiles, 1872-1890, 6 vol. in-8.

T. I (1872), xxi et 332 pages (avant-propos de 16 pages signé
Anatole de Montaiglon).

T. II (1877), viii et 360 pages (avertissement, signé Anatole de
Montaiglon, pour expliquer la part prise par feu Léopold Pannier à
la publication de ce volume et celle que prendra désormais M. Gaston
Raynaud à l'achèvement du Recueil).

T. III (1878), 437 pages.

T. IV (1880), 338 pages.

T. V (1883), 415 pages.

T. VI et dernier (1890), 394 pages.

472. De membris inter se conspirantibus; prose latine du
XIVe siècle, extraite du roman inédit de Fauvel, et publiée
d'après le manuscrit de la Bibliothèque nationale (n° 6812),
par M. Anatole de Montaiglon. *Paris,* Didot, novembre
1848, in-8; 8 pages.

Comme dernière ligne, cette mention : « Tiré à cent exemplaires. »
A quelques exemplaires est annexé un feuillet autographié, non
signé ni daté, de deux pages à deux colonnes, chiffrées 1 et 2,
contenant la traduction en prose française de la pièce latine, et une
note rectificative et complémentaire.

473. Le Livre du chevalier de la Tour-Landry pour l'enseignement de ses filles, publié, d'après les manuscrits de Paris
et de Londres, par M. Anatole de Montaiglon, membre
résidant de la Société des Antiquaires de France. *Paris,*
Jannet, novembre 1854, in-16 de lxiv et 303 pages.

Collection de la *Bibliothèque elzévirienne.*

---

1. La mention « avec notes et variantes » n'apparaît sur les titres qu'à partir
du tome II.

474. Chansons, ballades et rondeaux de Jehannot de Lescurel, poète françois du XIVe siècle, publiés pour la première
fois, d'après un manuscrit de la Bibliothèque impériale,
par M. Anatole de Montaiglon. *Paris*, Jannet, avril 1855,
in-16; xi et 68 pages.

Collection de la *Bibliothèque elzévirienne.*

475. Recueil de poésies françoises des XVe et XVIe siècles,
morales, facétieuses, historiques, réunies et annotées par
M. Anatole de Montaiglon [et, à partir du tome X, par
MM. Anatole de Montaiglon et James de Rothschild].
Paris, Jannet, puis Franck, puis Daffis, 13 vol. in-16.

> T. I, Jannet, novembre 1855, xvi et 319 pages.
> T. II, Jannet, décembre 1855, 335 pages.
> T. III, Jannet, mars 1856, 336 pages.
> T. IV, Jannet, juillet 1856, 335 pages.
> T. V, Jannet, novembre 1856, 327 pages.
> T. VI, Jannet, juin 1857, 351 pages.
> T. VII, Jannet, janvier 1858, 334 pages.
> T. VIII, Jannet, mars 1862, 352 pages.
> T. IX, Franck, décembre 1865, 364 pages.
> T. X, Daffis, 1875, 392 pages.
> T. XI, Daffis, 1876, 415 pages.
> T. XII, Daffis, 1877, 423 pages.
> T. XIII, Daffis, 1878, 432 pages.

Collection de la *Bibliothèque elzévirienne.*
Le détail des pièces a été donné dans les deux premiers catalogues
de la collection (voir nº 579).

476. Les Quinze Joyes de mariage. Nouvelle édition, con-
forme au manuscrit de la Bibliothèque publique de Rouen,
avec les variantes des anciennes éditions, une notice bibliographique et des notes. *Paris,* Jannet, 1853; épuisé, et
réimprimé en 1857; xvi et 152 pages.

Collection de la *Bibliothèque elzévirienne.*

Une note du *Catalogue raisonné de la Bibliothèque elzévirienne* (*Paris*, Daffis, 1870, p. 62) fait connaître que la collation du manuscrit a été faite par M. de Montaiglon.

477. Œuvres complètes de Gringore, réunies pour la première fois par MM. Ch. d'Héricault et A. de Montaiglon. — Tome I : Œuvres politiques. *Paris*, Jannet, février 1858, in-16; LXXX et 344 pages. — Tome II, par MM. A. de Montaiglon et J. de Rothschild : Mystère inédit de saint Louis. *Paris*, Daffis, 1877, in-16; XXXIX et 359 pages. La préface est signée A. de M.

Collection de la *Bibliothèque elzévirienne.*
Cf. le *Catalogue raisonné de la Bibliothèque elzévirienne, Paris*, Daffis, 1870, p. 37, où la part des deux éditeurs est exactement spécifiée.

478. Les Évangiles des Quenouilles. Nouvelle édition, revue sur les éditions anciennes et les manuscrits, avec préface, glossaire et table analytique. *Paris*, Jannet, 1855, in-16; XVI et 168 pages.

Collection de la *Bibliothèque elzévirienne.*
Une note du catalogue de cette collection, publié en 1867 et réimprimé en 1870, fait connaître que l'une des deux rédactions des *Évangiles des Quenouilles* a été copiée sur un manuscrit du XVe siècle par M. de Montaiglon.

479. Le Romant de Jehan de Paris, roy de France. Revu pour la première fois, sur deux manuscrits de la fin du quinzième siècle, par M. Anatole de Montaiglon. *Paris*, E. Picard, 1867, petit in-8; LXVIII et 160 pages.

Collection Jannet-Picard. Réimprimé, pour le titre seulement, chez Alphonse Lemerre, en 1874.

480. Farce de l'enfant mis aux lettres (fragment inédit).
Le Chasseur bibliographe, septembre 1862, p. 5-9.

481. Fragment d'une Farce imprimée par un poète bourguignon (Figue, Noix et Châtaigne).

Le Chasseur bibliographe, avril 1863, p. 3-13.

482. [Réimpression des 64 farces, moralités et mystères, des XVe et XVIe siècles, conservés en exemplaire unique dans un recueil factice acquis par le British Museum en 1845, et formant les tomes I à III de *l'Ancien Théâtre français,* publié en dix volumes dans la collection de la *Bibliothèque elzévirienne*].

Cf. le catalogue de la *Bibliothèque elzévirienne,* publié en 1867, et réimprimé en 1870, p. 47-48.

483. L'Alphabet de la mort de Hans Holbein, entouré de bordures du XVIe siècle, et suivi d'anciens poèmes français sur le sujet des trois mors et des trois vis, publiés, d'après les manuscrits, par Anatole de Montaiglon. *Paris,* Tross, 1856, petit in-8, non paginé; 100 pages.

La préface, de 8 pages, est signée A. de M., et datée de Paris, 2 septembre 1856.

484. L'Alfabeto della morte di Hans Holbein, adornato di fregii incisi in legno, ed accompagnato di sentenze latine e di quartine del XVIo secolo, scelte da Anatole de Montaiglon. *Parigi,* Edwin Tross, M DCCC LVI, in-8, non paginé; 36 pages.

La « prefazione » est signée Luigi Odorici.

485. The celebrated Hans Holbein's Alphabet of death, illustrated with old borders engraved on wood, with latin sentences and english quatrains, by A. de Montaiglon. *Paris,* Tross, 1856, in-8; 40 pages.

486. Recueil de chansons, satires, épigrammes et autres

pièces relatives à l'histoire des XVIe, XVIIe et XVIIIe siècles, connu sous le nom de Recueil de Maurepas, publié
par M. Anatole de Montaiglon, ancien élève de l'École
des Chartes, membre résidant de la Société des Antiquaires
de France.

Le prospectus, 4 pages in-8, dont 2 pages pour le bulletin de souscription (*Paris*, imprimerie Guiraudet et Jouaust, s. d.), a seul paru.
L'ouvrage devait être publié à la librairie Jannet, et former « six forts
volumes grand in-8 à deux colonnes, au prix de 25 francs chacun, tirés
à 200 exemplaires. » La mise sous presse ne devait avoir lieu que
lorsque cent exemplaires auraient été souscrits. Un volume aurait paru
tous les deux mois.

487. Les Facécies de Poge, Florentin, traitant de plusieurs
nouvelles choses morales. Traduction française de Guillaume Tardif, du Puy-en-Velay, lecteur du roi Charles VIII.
Réimprimées pour la première fois sur les éditions
gothiques, avec une préface et des tables de concordance,
par M. Anatole de Montaiglon. *Paris,* Willem, 1878,
in-8; LII-351 pages.

« Édition unique. 500 exemplaires sur papier de Hollande, numérotés 1-500 ; 30 exemplaires sur papier de Chine véritable, numérotés
I-XXX. »

488. L'Heptaméron des Nouvelles de très haute et très illustre
princesse Marguerite d'Angoulême, reine de Navarre,
publié sur les manuscrits, par les soins et avec les notes de
MM. Leroux de Lincy et Anatole de Montaiglon. *Paris,*
Eudes, 1880, 4 vol. in-8.

Avertissement de 20 pages, en tête du tome I, signé : Anatole de
Montaiglon. — Note de 11 pages intitulée : « Les Farces de Marguerite de Navarre », et signée A. de M., en tête du tome IV. — A la
fin de ce même tome, les notes et éclaircissements qui sont l'œuvre
de M. de Montaiglon sont signés de la lettre M.

489. Le Défi porté à Charles-Quint par les hérauts d'armes de France et d'Angleterre en 1528. Réimpression d'un poème populaire et d'une relation en prose publiés à Anvers, la même année, par J. de Liesvelt, avec une introduction et des notes par MM. Anatole de Montaiglon et James de Rothschild. *Paris,* Daffis, 1875, petit in-8; 46 pages.

Extrait du *Recueil des Poésies françaises des XVe et XVIe siècles…,* t. X, p. 3o5-35o.

490. La Semonce faicte à Paris des coquus, en may VᶜXXXV, publiée pour la première fois d'après un manuscrit de la Bibliothèque de Soissons. *Paris,* Académie des Bibliophiles, novembre 1866, petit in-8; 14 pages.

L'introduction, de 2 pages, est signée ANATOLE DE MONTAIGLON.— Publication de l'Académie des Bibliophiles. — « Tiré à 200 exemplaires sur papier vergé et à dix sur papier de Chine. »

491. La Légende joyeuse, ou Faictz et dictz joyeulx de Pierre Faifeu, escolier d'Angers, par Charles de Bourdigné, d'après l'édition de 1532. *Paris,* Willem, 1883, 2 vol. petit in-8.

Publication sans nom d'éditeur. M. de Montaiglon devait y ajouter une préface en tête du premier volume, et des notes à la fin du tome II. La mort de M. Léon Willem en a empêché l'impression.

492. Les Quatre Livres de maistre François Rabelais, suivis du manuscrit du cinquième livre, publiés par les soins de MM. A. de Montaiglon et Louis Lacour. *Paris,* Académie des Bibliophiles, 1868-1872, 3 vol. in-8.

Une notice sur Rabelais, que M. de Montaiglon devait écrire pour être mise en tête de cette édition, aujourd'hui épuisée, n'a pas paru.

493. Les Discours de Panurge dans le second livre de Rabelais. *Paris,* Jouaust, 1877, in-8; 7 pages.

Au verso du titre : « Extrait des variantes de l'édition de M. de
Montaiglon. — Tiré à 25 exemplaires. »

494. Huit Sonnets de Joachim du Bellay, gentilhomme
angevin, publiés pour la première fois d'après un manuscrit
de la Bibliothèque nationale. *Paris,* Guiraudet et Jouaust,
mars 1849, in-8; 19 pages.

Au verso du titre : « Extrait du journal *l'Amateur de livres,* et tiré à
5o exemplaires. »

495. Le Triumphe de haulte et puissante Dame Verolle, et le
Pourpoint fermant à boutons. Nouvelle édition complète,
avec une préface et un glossaire, par M. Anatole de Montaiglon, et le fac-similé des bois du Triumphe par M. Adam
Pilinski. *Paris,* Willem, 1874, petit in-8; 68 et CLVIII
pages, ces dernières chiffrées au bas de chaque page.

Déjà imprimé au tome IV (1856) du *Recueil de Poésies françaises,*
avec une notice beaucoup plus courte, de dix pages seulement
(p. 214-223).

496. Le Triumphe de haulte Folie. Reproduction d'un
poème lyonnais du XVIᵉ siècle, ornée de figures sur bois
et accompagnée d'une introduction et d'un glossaire, par
Anatole de Montaiglon. *Paris,* Willem, s. d. (1880), petit
in-8; 6o pages, chiffrées en chiffres romains au bas de
chaque page.

497. Latin Themes of Mary Stuart, queen of Scots, published
for the first time, from the original manuscript in her own
handwriting, now preserved in the imperial library, Paris,
edited by Anatole de Montaiglon, late fellow of the imperial school of charters, Paris, and resident member of the

imperial Society of Antiquaries of France. *London,* printed for the Warton Club, M.DCCC.LV, in-8; xxi et 79 pages.

L'introduction, écrite en anglais, est datée : « Paris, 31st may 1855. »

498. Les Œuvres de maistre Bernard Palissy, nouvelle édition, revue sur les textes originaux par B. Fillon, avec une notice par Louis Audiat. *Niort,* Clouzot, 2 vol. in-8.

Il résulte des renseignements que nous avons pu recueillir que le texte primitif de cette édition a été établi par M. de Montaiglon, aux frais de son ami, feu Benjamin Fillon.

499. Le Roman comique de Scarron, peint par J.-B. Pater et J. Dumont le Romain, peintres du Roi, réduit d'après les gravures au burin de Surugue père et fils, Benoît Audran, Edme Jeaurat, Lépicié, G. Scotin, graveurs du Roi, par M. Tiburce de Mare, et accompagné de notices explicatives par M. Anatole de Montaiglon. *Paris,* Rouquette, 1883, grand in-8; vii-16 pages.

La part de M. de Montaiglon dans cette publication consiste en une préface de sept pages et 16 notices, d'un tiers de page chacune.

500. Contes et nouvelles de J. de La Fontaine, ornés d'estampes de Fragonard. Réimpression de l'édition de Paris, Didot, 1795, revue et augmentée d'une notice par M. Anatole de Montaiglon. *Paris,* Lemonnyer, 1882, 2 vol. in-4.

501. Contes et nouvelles en vers, par Jean de La Fontaine, ornés d'estampes d'Honoré Fragonard, Monnet, Touzé et Milius, gravées d'après les dessins originaux par Le Rat, Milius, Mongin et R. de Los Rios. Édition revue et précédée d'une notice par Anatole de Montaiglon. *Paris,* Rouquette, 1883, 2 vol. grand in-8.

Reproduction en format in-8 de l'édition précédente, pour les gravures ; le texte y est rétabli dans l'ordre chronologique des *Contes.*

5o2. Recueil de réimpressions d'opuscules rares ou curieux relatifs à l'histoire des Beaux-Arts en France, publiés par les soins de MM. Thomas Arnauldet, Paul Chéron, Anatole de Montaiglon.

I. *Ludovicus Henricus Lomenius, Briennæ comes, regis a consiliis actis et epistolis, de pinacotheca sua ad Constantinum Huygenium.* — 1662. — *Lutetiæ Parisiorum,* 1854, in-8; 16 pages.

II. Vie de François Chauveau, graveur, et de ses deux fils, Evrard, peintre, et René, sculpteur, par J.-M. Papillon, suivie des actes officiels extraits des registres manuscrits conservés à l'Hôtel de ville de Paris. *Paris,* Jannet, Dumoulin et Rapilly, 1854, in-8; 47 pages.

Ces deux publications, les seules du *Recueil* en question, ont été laites exclusivement par les soins de M. de Montaiglon.

5o3. Œuvres de Molière. Illustrations par Jacques Leman [puis, à partir du *Sicilien,* par Maurice Leloir]. Notices par Anatole de Montaiglon. *Paris,* J. Lemonnyer, puis E. Testard, 1882-1891.

L'Estourdy (1882) : notice de 4 pages, non signée.
Le Dépit amoureux (1882) : notice de 7 pages, signée Anatole de Montaiglon.
Les Précieuses ridicules (1882) : notice de 12 pages, signée.
Sganarelle (1882) : notice de 7 pages, signée.
La Jalousie du Barbouillé et *le Médecin volant* (1882) : « notice des deux farces attribuées à Molière », 12 pages, signées.
Dom Garcie de Navarre (1882) : notice de 8 pages, signée.
L'Escole des maris (1882) : notice de 7 pages, signée.
Les Fascheux (1888) : notice de 11 pages, signée.
L'Escole des femmes (1888) : notice de 12 pages, non signée.
La Critique de l'Escole des femmes (1888) : notice de 11 pages, signée.
L'Impromptu de Versailles (1888) : notice de 8 pages, signée.
Le Mariage forcé (1888) : notice de 8 pages, signée.

Les Plaisirs de l'Isle enchantée (1888) : « notice de la Princesse d'É-lide et des Plaisirs de l'Isle enchantée », 8 pages, signées.

Dom Juan, ou le Festin de Pierre (1889) : notice de 14 pages, signée.

L'Amour médecin (1889) : notice de 7 pages, signée.

Le Misantrope (1889) : notice de 10 pages, signée.

Le Médecin malgré luy (1890) : notice de 10 pages, signée.

Mélicerte (1890) : notice de 8 pages, signée.

Le Sicilien (1890) : notice de 13 pages, signée.

L'Imposteur (1891) : notice de 24 pages, signée.

La publication se poursuit dans l'ordre chronologique des œuvres de Molière.

504. Journal du marquis de Dangeau, publié en entier pour la première fois par MM. Soulié, Dussieux, de Chenne-vières, Mantz, de Montaiglon, avec les additions inédites du duc de Saint-Simon, publiées par M. Feuillet de Conches. *Paris,* Firmin Didot, 1854-1860, 19 vol. in-8.

A partir du tome XI, les noms de MM. Eudore Soulié et L. Dussieux figurent seuls sur le titre.

505. Testament politique du duc Charles de Lorraine. Édition nouvelle, précédée d'une notice bibliographique. *Paris,* Académie des Bibliophiles, octobre 1866, petit in-8; xxviii et 54 pages.

Publication de l'Académie des Bibliophiles, sans nom d'éditeur. L'introduction seule est signée, et datée de Lille, 27 août 1866.

506. Monument du Costume physique et moral de la fin du XVIIIe siècle, ou Tableaux de la vie, ornés de vingt-six figures dessinées et gravées par Moreau le jeune et par d'autres célèbres artistes. Texte par Restif de la Bretonne, revu et corrigé par M. Charles Brunet. — Préface par M. Anatole de Montaiglon. *Paris,* Willem, 1876, in-fol.

507. Histoire des mœurs et du costume des Français dans le XVIIIe siècle, ornée de douze estampes dessinées par Sigis-

mond Freudenberg et gravées par les premiers artistes.
Texte par Restif de la Bretonne, revu et corrigé par
M. Charles Brunet. Préface par M. Anatole de Montaiglon, avec la vie de Freudenberg, traduite de l'allemand
pour la première fois. *Paris,* Willem, 1878, in-fol.

5o8. Histoire de Manon Lescaut et du chevalier des Grieux,
précédée d'une préface par Alexandre Dumas fils, de l'Académie française. *Paris,* Glady, 1885, in-8, XLIX et 372 p.

Au verso du faux-titre, la mention suivante : « Cette édition, revue
sur les textes originaux, est accompagnée de variantes et d'une notice
par M. Anatole de Montaiglon. » Cette notice occupe les pages 297-
349 ; les variantes vont de la page 351 à la fin du volume.

5o9. Fables de Florian. Préface par M. Anatole de Montaiglon. Compositions inédites de Moreau, gravées par
Martial. *Paris,* Rouquette, 1882, in-18 ; XXII et 261 pages.

51o. André de Chénier. Suzanne, poème biblique en six
chants. *Paris [Évreux,* impr. Hérissey], 1883, petit in-4 ;
31 pages.

Tiré à cent exemplaires sur papier du Japon.

En tête, un sonnet de dédicace, adressé à Mme S[uzanne] de B., et
daté du 11 août 1882.

DISSERTATIONS

511. [Communication à la Société des Antiquaires de France,
séance du 25 mars 1858, sur quatre recueils manuscrits
« de poésies françaises datés faussement par Hœnel des
XIIe et XIIIe siècles », en réalité du XVIIe siècle, conservés à la Bibliothèque de Soissons.]

Bulletin de la Société impériale des Antiquaires de France, 1858,
p. 52-57.

512. [Description d'un manuscrit des XIVe et XVe siècles, portant pour titre *Preces piæ.*]

Catalogue de la Bibliothèque de M. N. Yemeniz. — *Paris,* Bachelin-Deflorenne, 1867, in-8°; n° 73, p. 16-18.

513. [Notices sur les poètes des XIVe et XVe siècles, au tome I de l'ouvrage d'Eugène Crépet, *les Poètes français... Paris,* Gide, 1861-1862, 4 vol. grand in-8 : Idées générales, p. 367-371. — Eustache Deschamps, p. 373-377. — Christine de Pisan, p. 385-388. — Alain Chartier, p. 393-396. — Charles d'Orléans, p. 401-411. — Martial d'Auvergne, p. 421-426. — Coquillart, p. 435-438. — François Villon, p. 477-455. — Henri Baude, p. 469-472. — Octavien de Saint-Gelais, p. 476-480. — Guillaume Crétin, p. 483-485. — Molinet, p. 291-492.]

514. [Note sur une gravure en bois, du temps de Louis XI, accompagnant une « ballade sur la mode des hauts bonnets, récemment découverte à la Bibliothèque impériale ».]

Magasin pittoresque, 1856, p. 379-380; avec fac-similé de la gravure. La ballade a été publiée par M. de Montaiglon au tome IV, p. 326, du *Recueil de Poésies françaises.*

515. Guillaume Alexis, auteur des *Faintises du monde.*

Annuaire du Bibliophile, du Bibliothécaire et de l'Archiviste, pour l'année 1863, publié par Louis Lacour, p. 46-50.

516. [Communication à la Société des Antiquaires de France, séance du 21 décembre 1864, « sur Lodovico Heliano, de Verceil, poète des XVe et XVIe siècles ».]

Bulletin de la Société impériale des Antiquaires de France, année 1864, p. 149-153.

517. Le Nom du poète Guillaume Crétin, d'après les critiques

et les bibliographes, par M. A. de Montaiglon, de la
Bibliothèque Sainte-Geneviève.

Annales du Bibliophile, du Bibliothécaire et de l'Archiviste, publiées
par Louis Lacour, n° du 25 février 1862, p. 21-25.

518. [Communication à la Société de l'Histoire de Paris,
séance du 14 mars 1882, sur « une réimpression gothique
d'une édition du XVIᵉ siècle d'un miracle de saint Nicolas (miracle du Juif et du Chrétien) ».]

Bulletin de la Société de l'histoire de Paris et de l'Ile-de-France, 1882,
p. 34.

519. Jean de Maumont dans Ronsard.

Note signée A. de M.
L'Intermédiaire, 1889, col. 377-378.

520. Un Précurseur de Rabelais [Jean Ruiz].

Note signée A. de M.
L'Intermédiaire, 1874, col. 421-422.

521. Rabelais à une audience du Pape.

Article signé A. M.
L'Intermédiaire, 1870, col. 159-160.

522. [Communication à la Société des Antiquaires de France,
séance du 10 avril 1878, sur le « *Franc-Archer de Cherré,* mo-
nologue dramatique du XVIᵉ siècle ».]

Bulletin de la Société nationale des Antiquaires de France, 1878, pages
120-122.

523. [Note lue à la Société des Antiquaires de France, séance
du 13 février 1878, « sur l'interprétation du nom d'un personnage (Marforio) cité par Noël du Fail ».]

Bulletin de la Société nationale des Antiquaires de France, 1878, pages
65-66.

524. La « Belle Marquise » de Corneille.

Note signée A. de M.
L'Intermédiaire, 1885, col. 144-145.

525. Sur deux vers de l' « Elomire hypocondre ».

Le Moliériste, t. IV, 1882, p. 145-148.

526. Molière traduit en turc.

Le Moliériste, t. IV, 1882, p. 278.

527. Varia.

Article signé A. de M., concernant un recueil de poésies du XVIIe siècle intitulé : *Varia.*
L'Intermédiaire, 1883, col. 286-288.

528. Les Feuilles volantes au XVIIe siècle.

Quatrain janséniste sur un livre de Malet, grand vicaire de l'archevêque de Rouen : *Examen de quelques passages du Nouveau Testament de Mons* (1680).
Annales du Bibliophile pour 1863, p. 24.

529. Vathek.

Note sur ce roman écrit en français par Beckford.
L'Intermédiaire, 1875, col. 317.

530. « Girardeau », « Jean Logne » et Madame Deshoulières.

Note signée A. M.
L'Intermédiaire, 1864, p. 130.

531. Note sur le littérateur français Jean-Anne Perreau.

Le Moniteur du Bibliophile, tome III, n° du 1er mars 1880, p. 8-9.

532. Tour de force du poète Barthélemy.

Note signée A. M.
L'Intermédiaire, 1882, col. 465.

NOTICES NÉCROLOGIQUES

533. M. Jules Renouvier.

Gazette des Beaux-Arts, t. VIII, 1861, p. 103-111. — Dans le même volume, p. 251-254, se trouve une « Liste des ouvrages de M. Jules Renouvier », signée A. de M.

534. Notice biographique sur M. Jules Renouvier, suivie d'une liste bibliographique et chronologique de ses ouvrages et opuscules, par M. Anatole de Montaiglon. *Paris,* Vve Renouard, avril 1863, in-8° de 24 pages.

Au verso du titre : « Cette Notice, tirée à part à deux cents exemplaires, est extraite du volume *Histoire de l'Art pendant la Révolution,* ouvrage posthume de M. JULES RENOUVIER. » — Sur cet ouvrage, voy. plus haut, n° 12.

535. Notice sur M. Gilbert, par M. Anatole de Montaiglon, membre résidant.

Bulletin de la Société impériale des Antiquaires de France, année 1863, p. 33-42.
Tiré à part sous le même titre : *Paris,* imp. Lahure, s. d., in-8 ; 10 pages.

536. Notice sur M. de l'Escalopier, par M. Anatole de Montaiglon, membre résidant.

Bulletin de la Société impériale des Antiquaires de France, 1863, p. 81-93.
Tiré à part : *Paris,* imp. Lahure, s. d., in-8 de 13 pages.

537. [Discours prononcé à Rambouillet, le 5 juin 1875, devant le tombeau d'Adolphe Lance, à l'occasion de l'inauguration de ce monument.]

Imprimé aux pages 17-20 de la brochure portant pour titre : *Adolphe Lance, sa vie, ses œuvres, son tombeau. Paris,* Ve Morel, 1875, in-8°.

538. Notice sur Adolphe Lance.

En tête du *Catalogue des livres et des dessins de la bibliothèque de feu
M. Adolphe Lance, architecte; Paris,* Dumoulin, 1875, in-8. — Tirée
à part sous ce titre : *Adolphe Lance, architecte* (1813-1874). Mars,
1875, ANATOLE DE MONTAIGLON; *Paris,* Pillet, in-8, 4 pages.

539. Ferdinand de Lasteyrie.

Gazette des Beaux-Arts, 21e année, 2e période, t. **XX** (1879), pages
115-120.

540. Le Baron James-Édouard de Rothschild.

Le Livre, Bibliographie rétrospective, 2e année (1881), p. 370-375.

**541. [Mention fournie à la Société des Antiquaires de France,
séance du 3 février 1886, des titres de feu Joseph Mayer,
érudit anglais, « à la reconnaissance et à l'estime des ar-
chéologues ».]**

Bulletin de la Société nationale des Antiquaires de France, 1886, p. 75.

RAPPORTS ET DISCOURS

**542. Rapport sur les travaux de l'année 1867-1868, présenté
à l'Académie des Bibliophiles dans sa séance générale du
12 mai 1868, par M. Anatole de Montaiglon, l'un de ses
membres fondateurs.** *Paris,* Académie des Bibliophiles,
1868, in-8; 8 pages.

Au verso du titre : « *Extrait de l'*ANNUAIRE POUR L'ANNÉE 1867-1868,
et tiré à cent exemplaires. »

**543. [Rapports lus par M. de Montaiglon, en qualité de pré-
sident de la Société de l'histoire de l'Art français, aux assem-
blées générales des membres fondateurs de cette société.]**

Bulletin de la Société de l'histoire de l'Art français :
   20 février 1874. . . . . 1875, p. 2-5.

19 février 1875. . . . . 1875, p. 23-27.
25 février 1876. . . . . 1876, p. 16-20.
13 mars 1877. . . . . 1877, p. 113-118.
30 avril 1878. . . . . 1878, p. 190-194.

Nouvelles Archives de l'Art français :
25 avril 1879. . . . . 2e série, t. I, 1879, p. 11-16.
28 avril 1882. . . . . . . 2e série, t. III, p. 1-6.

Revue de l'Art français :
13 mai 1884. . . . . 1884, p. 81-86.
16 mai 1885. . . . . 1885, p. 81-84.
31 mai 1886. . . . . 1886, p. 145-150.
17 mai 1887. . . . . 1887, p. 129-134.
13 mai 1888. . . . . 1888, p. 129-131.

544. [Discours prononcé par M. de Montaiglon, président
sortant de la Société des Antiquaires de France, à la séance
tenue par cette compagnie le 3 janvier 1877.]

Bulletin de la Société nationale des Antiquaires de France, 1887,
p. 35-39.

545. [Discours prononcé par M. de Montaiglon, en qualité
de président de la séance du 2 avril 1880, à la réunion annuelle des Sociétés des Beaux-Arts des départements (section de l'histoire de l'art), sur l'histoire documentaire des
artistes français et sur les principales publications dont elle
a été l'objet.]

*Réunion des Sociétés des Beaux-Arts des départements à la Sorbonne,
du 31 mars au 3 avril 1880,* 4e session, p. 13-17. — Publié également dans le *Journal officiel* du 3 avril 1880, p. 3852.

546. [Discours prononcé par M. de Montaiglon, comme
président de la Société des Anciens textes français, le 27 décembre 1880.

Bulletin de la Société des Anciens textes français, 1880, p. 91-99.
Réimprimé dans la *Bibliothèque de l'École des Chartes,* 1881, p. 239-
244.

547. [Discours prononcé à l'assemblée générale de la Société
de l'histoire de Paris et de l'Ile-de-France, le 12 mai 1885,
par M. A. de Montaiglon, président.]

Bulletin, etc., 1885, 12e année, p. 65-71. — Tiré à part. *Nogent-
le-Rotrou,* imp. Daupeley, 1885, in-8°, 7 p.

548. [Résumé du discours prononcé par M. de Montaiglon,
en qualité de président de la séance du 3 juin 1887, à la
réunion annuelle des Sociétés des Beaux-Arts des départements, sur l'utilité de la recherche et de la publication
des documents inédits qu'on peut relever dans le dépouil-
lement des archives publiques et privées.]

*Réunion des Sociétés des Beaux-Arts des départements à la Sorbonne,
du 31 mai au 4 juin 1887,* 11e session, p. 29-30. — Publié également dans le *Journal officiel* du 4 juin 1887, p. 2494.

549. [Discours prononcé par M. de Montaiglon, en qualité
de président de la séance du 14 juin 1889, à la réunion annuelle des Sociétés des Beaux-Arts des départements, sur
les règles à suivre pour la rédaction des livrets des musées
des départements.]

*Réunion des Sociétés des Beaux-Arts des départements, salle de l'Hé-
micycle, à l'École nationale des Beaux-Arts, du 11 au 15 juin 1889,*
13e session, p. 30-34. — Publié également dans le *Journal officiel* du
15 juin 1889, p. 2770.

550. [Discours prononcé par M. de Montaiglon, délégué de
M. le Ministre de l'Instruction publique et des Beaux-
Arts, à la distribution des prix de l'École régionale des
Beaux-Arts de Tours, le 4 août 1889.]

Pages 3-10 du *Palmarès; Tours,* imp. Danjard-Kop, 1889, in-4°.

RÉDACTION DE TABLES

551. *Traité historique de la peinture sur verre,* par Alexandre Lenoir. *Paris,* Dumoulin, 1856, in-8 ; 2 ff., 158 pages et 66 planches.

Volume composé de défets du tome VI du *Musée des Monuments français,* de Lenoir (1803), auxquels M. de Montaiglon a fait joindre un supplément, contenant la réimpression des articles sur la peinture sur verre contenus dans le tome VIII (p. 89-111) du *Musée des Monuments français,* et pour lequel il a rédigé une table (p. 154-158).

552. Archives de l'Art français. — Recueil des documents inédits relatifs à l'histoire des Arts en France. — Table chronologique des pièces contenues dans les cinq premiers volumes des Documents.

Bulletin de la Société de l'histoire de France, 1859, in-8°, p. 132-143, 150-159, 170-175, 180-184.

Publiée sans nom d'auteur, avec une note d'introduction de H. Bordier. Tirée à part, sans couverture ni titre ; in-8° de 29 pages.

553. Table chronologique des pièces contenues dans le sixième volume des Documents. *Paris,* imp. Jouaust, s. d., in-8.

Également publiée sans nom d'auteur, ni couverture, ni titre. — Ces deux tables ne font pas partie de la collection des *Archives de l'Art français ;* elles ont été tirées à 100 exemplaires.

554. « Table des noms de personnes et de lieux contenus dans la première série des *Archives de l'Art français.* » [Signée : « A. de M. »]

Archives de l'Art français, documents, tome VI (1858-1860), pages 415-540. — A la page 540, on lit : « L'impression de l'*errata* et de la table, commencée en 1861, a été terminée en avril 1862. »

13

555. Table générale du *Catalogue de la Bibliothèque de M. le comte Charles de l'Escalopier...* publié par les soins de F. Delion. *Paris,* Delion, Toulouse et Taranne, 1866-1867, 3 vol. in-8.

La table, précédée d'un avertissement, de 4 pages, signé A. de M., occupe les pages 1-269 du tome III.

556. Table alphabétique et analytique des matières et des noms contenus dans les six volumes de la troisième édition de Port-Royal, par M. Anatole de Montaiglon (1871).

Elle forme exclusivement le tome VII, 422 pages, du *Port-Royal* de Sainte-Beuve; *Paris,* Hachette, 1867-1871, 7 vol. in-12.

557. [« Index d'après les anciennes inscriptions » et table alphabétique pour l'ouvrage intitulé : *Trois cents portraits de personnages français de la cour des rois François Ier, Henri II et François II, par Clouet, autolithographiés d'après les originaux conservés au chateau de Howard (Yorkshire) par Lord Ronald Gower... Londres* et *Paris,* librairie Eudes, 1875, 2 vol. in-fol.]

557 *bis.* [Table, signée A. de M., du *Dictionnaire des Architectes français,* d'Ad. Lance. *Paris,* 1872, 2 vol. in-8; tome II, p. 345-456.]

558. Table du *Bulletin de la Société de l'histoire de l'Art français de 1875 à 1878.*

Bulletin, etc., 1878, p. 221-256.

559. Table, par ordre de matières, des onze volumes des réunions des Sociétés des Beaux-Arts des départements à la Sorbonne, 1877-1887.

Réunion des Sociétés des Beaux-Arts des départements... du 22 au 25 mai 1888, 12e session, p. 957-980. — Tirée à part sous le même titre, sans nom d'auteur : *Paris,* Plon, s. d., in-8°, 24 pages.

BIBLIOGRAPHIE ET COMPTES RENDUS CRITIQUES

560. [Compte rendu de « *Four old plays : Three interludes : Thersites, Jack Jugler and Heywood's Pardoner and Frere; and Jocasta, a tragedy by Gascoigne and Kinwelmarsh, with an introduction and notes (by F.-J. Child). Cambridge,* George Nichols, *MDCCCXLVIII.* In-8 de XXXVI p.]

L'Amateur de livres, t. II, juillet 1849, p. 205-210.

561. [Compte rendu, signé A. de M., des « *Archives de l'Art français, recueil de documents inédits relatifs à l'histoire de l'Art en France,* publiés et annotés par M. Ph. de Chennevières-Pointel ». *Paris,* Dumoulin, 1851, in-8, 1re livraison, de 80 ff.]

Bibliothèque de l'École des Chartes, 3e série, t. II (1851), p. 380-382.

562. [Compte rendu, signé A. de M., du *Bulletin archéologique de l'Association bretonne* (classe d'archéologie). *Rennes,* 1849-1851, 3 vol. in-8.]

Bibliothèque de l'École des Chartes, 3e série, t. III (1852), p. 485-488.

563. [Notices bibliographiques sur quelques ouvrages nouveaux : *Monuments de l'Histoire de France,* de Hennin, t. I; *Journal de Dangeau,* t. VI; — *Catalogue général de la Librairie française,* par P. Chéron, t. I.]

Revue universelle des Arts, t. I, 1855, *passim.*

564. [Compte rendu, signé Michel Desjardins (l'un des pseudonymes de M. de Montaiglon) du tome II (1855) des *Mémoires de la Société impériale des Antiquaires de France.*]

Guide de l'acheteur en librairie et de l'amateur de livres, n° de juillet 1856.

565. [Compte rendu, signé Michel Desjardins, du tome I du *Catalogue général de la Librairie française*, de Paul Chéron; — des trois premiers volumes de la *Revue universelle des Arts*, et du tome I des *Monuments de l'Histoire de France*, d'Hennin.]

Guide de l'acheteur en librairie et de l'amateur de livres, nᵒ de septembre 1856.

566. [Compte rendu, signé Michel Desjardins, des tomes I-IV du *Recueil de Poésies françoises... réunies et annotées par M. Anatole de Montaiglon. Paris*, Jannet, 1855-1856.]

Guide de l'acheteur en librairie et de l'amateur de livres, nᵒˢ d'octobre et de novembre 1856.

567. [Compte rendu, signé Michel Desjardins, des *Lettres de la marquise de Créquy, publiées et annotées par M. Edouard Fournier. Paris*, Potier, 1856, in-8.]

Guide de l'acheteur en librairie et de l'amateur de livres, nᵒ de décembre 1856.

568. [Compte rendu, signé A. de M., de l'ouvrage intitulé : « *Documents inédits sur Montaigne, recueillis et publiés par le Dr J.-F. Payen. Nᵒ 3. Éphémérides, lettres et autres pièces autographes et inédites de Michel de Montaigne et de sa fille Éléonore. Paris*, 1854, in-8; 40 pages, avec 2 planches de fac-similé ; tiré à cent exemplaires. »]

Bibliothèque de l'École des Chartes, 4ᵉ série, t. II (1856), p. 290-291.

569. [Compte rendu des « *Évangiles des Quenouilles, nouvelle édition, revue sur les manuscrits et les éditions anciennes, avec préface, glossaire et table analytique. Paris*, in-16 de xvi et 168 pages (*Bibliothèque elzévirienne*) ».]

Bibliothèque de l'École des Chartes, 4ᵉ série, t. II (1856), p. 390-392.

570. [Compte rendu de l'ouvrage intitulé : « *Peinture décora-tive*. Plafond et sujets allégoriques exécutés à Marseille par Antoine Magaud, gravés à l'eau-forte par Henri Valentin. *Paris*, imprimerie Delâtre ; Cadart et Luquet, éditeurs... » 1863.]

L'Architecte, revue de l'Art de bâtir, n° du 16 janvier 1863.

571. [Prospectus, de 4 pages in-4, pour *l'Art de terre chez les Poitevins, suivi d'une Étude sur l'ancienneté de la fabrication du verre en Poitou, par Benjamin Fillon* (Niort, Clouzot, 1864, in-4).]

Les exemplaires du premier tirage étaient signés P. H. D. Les sui-vants sont signés Anatole de Montaiglon.

572. [Compte rendu de l'ouvrage intitulé : *l'Art de terre chez les Poitevins, suivi d'une Étude sur l'ancienneté de la fabrica-tion du verre en Poitou,* par Benjamin Fillon.]

Journal des Beaux-Arts et de la Littérature de Belgique, 1864, pages 105-106 (n° du 15 juillet).

573. [Rapport sur les *Mémoires de l'Académie de Reims,* XXXVIIIᵉ volume, 1864.]

Revue des Sociétés savantes des départements, 4ᵉ série (1866), t. IV, p. 41-47.

574. [Rapport sur les *Mémoires de la Société des Sciences, de l'Agriculture et des Arts, de Lille,* année 1864, 3ᵉ série, 1ᵉʳ volume.]

Revue des Sociétés savantes des départements, 4ᵉ série (1866), t. IV, p. 47-51.

575. [Rapport sur les *Mémoires de la Société d'Archéologie*

lorraine, 2ᵉ série, VIIᵉ volume (XIVᵉ de la collection). *Nancy,* 1865, in-8.]

Revue des Sociétés savantes des départements, 4ᵉ série (1866), t. IV, p. 169-171.

576. [Rapport sur diverses communications de M. Leroy.]

Revue des Sociétés savantes des départements, 4ᵉ série (1866), t. IV, p. 200-206.

577. [Rapport sur les *Mémoires de la Société d'Émulation du Jura* (section de l'Association philotechnique), 1864 et 1865.]

Revue des Sociétés savantes des départements, 4ᵉ série (1866), p. 298-299.

578. [Rapport sur l'*Annuaire de la Société d'Émulation de la Vendée,* 9ᵉ et 10ᵉ années, 1863-1864. *Napoléon-Vendée,* 1863 et 1866, in-8.]

Revue des Sociétés savantes des départements, 4ᵉ série (1867), t. V, p. 178-184

579. Catalogue raisonné de la Bibliothèque elzévirienne, 1853-1867. *Paris,* Franck, 1867, in-16; 140 pages.

Publié sans nom d'auteur. — Réimprimé en 1870 (*Paris,* Daffis, in-16, 136 pages), avec un avis du nouvel éditeur, où on lit que, jusqu'à la page 120, cette seconde édition est la reproduction littérale de la première, « œuvre de M. A. de Montaiglon ».

580. [Rapport sur les *Mémoires de la Société d'Archéologie lorraine,* seconde série, VIIIᵉ volume. *Nancy,* 1866, in-8.]

Revue des Sociétés savantes des départements, 4ᵉ série (1868), t. VII, p. 151-156.

581. [Rapport sur les *Travaux de l'Académie impériale de*

Reims, XLe volume, année 1863-1864, n°s 3 et 4. *Reims,*
1866, in-8 de 468 pages.]

Revue des Sociétés savantes des départements, 4e série (1868), t. VII,
p. 172-176.

582. [Rapport sur le volume intitulé : *Société impériale d'Agri-*
culture, Sciences et Arts, de l'arrondissement de Valenciennes
(Revue agricole, industrielle et artistique), 18e année, t. XX.
Valenciennes, janvier-décembre 1866, in-8.]

Revue des Sociétés savantes des départements, 4e série (1868), t. VIII,
p. 496-500.

583. Dictionnaire de l'Académie des Beaux-Arts.

[Note de 15 lignes, signée A. de M., sur différents Dictionnaires
des Beaux-Arts.]
L'Intermédiaire, 1869, col. 361.

584. [Rapport sur les *Mémoires de la Société des Antiquaires*
de l'Ouest. Tome XXXII, année 1867 ; *Poitiers,* 1868, in-8,
et le *Bulletin de la Société des Antiquaires de l'Ouest,* années
1867 et 1868.]

Revue des Sociétés savantes des départements, 5e série (1870), p. 263-
270.

585. [Rapport sur l'ouvrage intitulé : « *La Famille de Ronsard,*
recherches généalogiques, historiques et littéraires, sur P. de
Ronsard et sa famille, par Achille de Rochambeau. *Paris,*
Franck, 1868, 1 vol. in-18, avec album grand in-8 de
19 planches gravées et lithographiées. »]

Revue des Sociétés savantes des départements, 5e série (1870), t. I,
p. 317-329.

586. [Rapport sur les *Mémoires de la Société d'Émulation du*

Jura (section de l'Association philotechnique). Années 1868, 1869 et 1870. *Lons-le-Saulnier,* 1869 et 1871, 2 vol. in-8.]

Revue des Sociétés savantes des départements, 5ᵉ série (1873), t. IV, p. 63-66.

587. [Rapport sur « la copie de deux anciens inventaires. Communication de M. Émile Amé, correspondant. »]

Revue des Sociétés savantes des départements, 5ᵉ série (1873), t. IV, p. 168-176.

588. [Rapport sur le volume intitulé : « *Société nationale d'Agriculture, Sciences et Arts, de l'arrondissement de Valenciennes. Revue agricole, industrielle, scientifique et littéraire.* 19ᵉ et 20ᵉ années, t. XXI, 1867 ; t. XXII, 1868 ; in-8. »]

Revue des Sociétés savantes des départements, 5ᵉ série (1873), t. VI, p. 201-206.

589. [Rapport sur le *Bulletin de la Société historique de Compiègne.* Tome I, 1ᵉʳ fascicule. *Compiègne,* 1869-1872, in-8 de 168 pages.]

Revue des Sociétés savantes des départements, 5ᵉ série (1873), t. VI, p. 201-206.

590. « Journal de l'Amateur de livres. »

Note signée A. M.
L'Intermédiaire, 1874, col. 243.

591. Rapport sur deux communications de M. G. Leroy, à Melun, et de M. l'abbé Arbellot, à Rochechouart.

Revue des Sociétés savantes des départements, 5ᵉ série (1875), t. VIII, p. 155-157.

592. [Rapport sur une communication manuscrite dé M. de
la Trémoille.]

Revue des Sociétés savantes des départements, 5e série (1875), t. VIII,
p. 477-479.

593. Le Calendrier des Confréries de Paris.

Compte rendu de la réimpression, par M. l'abbé V. Dufour, du livre
de J.-B. Le Masson, intitulé : *Le Calendrier des Confréries de Paris.*
Bulletin de la Société de l'histoire de Paris et de l'Ile-de-France, 1875,
p. 168-172.

594. Bibliotières.

Note signée A. de M.
L'Intermédiaire, 1875, col. 473.

595. L'Imitation de Jésus-Christ.

Gazette des Beaux-Arts, 18e année, 2e période, t. XIII (1876), pages
383-393.
Compte rendu de l'édition Glady, avec les dessins de M. Lameire.
Tiré à part avec couverture servant de titre. — *Paris*, imp. Claye,
1876, gr. in-8° de 11 pages.

596. [Communication à la Société des Antiquaires de France,
séance du 10 janvier 1877, sur deux anagrammes qui se
rencontrent dans la bibliographie qui termine l'édition du
Chansonnier huguenot, de H. Bordier.]

Bulletin de la Société nationale des Antiquaires de France, 1877, pages
49-51.

597. [Rapport sur l'*Annuaire de la Société d'émulation de la
Vendée. 19e année, 1872. La Roche-sur-Yon*, 1873, in-8;
230 pages.]

Revue des Sociétés savantes des départements, 6e série (1877), t. IV,
p. 102-105.

598. [Rapport sur les *Mémoires de la Société d'Agriculture, Sciences et Arts d'Angers (ancienne Académie d'Angers*. Nouvelle période, t. XV. Angers, 1872, in-8 de 466 pages.]

Revue des Sociétés savantes des départements, 6e série (1877), t. IV, p. 105-106.

599. [Rapport sur des communications manuscrites de M. Matton.]

Revue des Sociétés savantes des départements, 6e série (1877), t. IV, p. 530-532.

600. [Articles rédigés à l'occasion de la vente de la collection d'autographes de Benjamin Fillon, et signés, le premier, Anatole de Montaiglon, le second, A. de M.]

La Chronique des Arts et de la Curiosité, 1878, p. 63-64 et 150.

601. Autographes et documents historiques. Collection de M. Benjamin Fillon.

Article, signé A. de M., sur les séries IX et X du catalogue de la vente d'autographes de Benjamin Fillon.

La Chronique des Arts et de la Curiosité, année 1879, p. 201-203.

602. [Rapport sur une communication de M. Mireur, correspondant du Ministère à Draguignan.]

Bulletin du Comité des travaux historiques et scientifiques. — Archéologie. — Année 1884, p. 458-459.

603. [Compte rendu de la *Correspondance inédite de Maurice Quentin de la Tour, suivie de documents nouveaux*, publiée en 1885 par MM. J. Guiffrey et M. Tourneux ; note de 14 lignes, signée A. de M.]

Revue de l'Art français, 1886, 3e année, p. 48.

604. Rapport sur diverses communications de M. Alfred de
Martonne.

*Bulletin du Comité des travaux historiques et scientifiques. — Archéo-
logie. — Année 1888, p. 418.*

605. Le Livre du sacre de Napoléon Ier.

Note signée A. de M.
L'Intermédiaire, 1888, col. 414.

VARIA ET CURIOSITÉS

(Dans l'ordre chronologique de leur publication.)

606. Revue musicale. *Don Pasquale.* — Société musicale classique. — Concert de Mlle Milanollo.

Article signé Anatole Robert.
Le Temps du 14 mars 1849.

607. Revue musicale. *Concerts du Conservatoire.* — Le *Prométhée* de M. Halévy.

Article signé A. Robert.
Le Temps du 18 avril 1849.

608. Documents inédits sur le Comput, publiés par M. Anatole de Montaiglon, membre résidant, lus à la séance du 9 décembre 1852.

Annuaire de la Société impériale des Antiquaires de France pour 1852, p. 169-191.
Tirés à part sous le même titre, avec cette mention en plus : *Extrait de l'Annuaire de la Société impériale des Antiquaires de France pour 1852. Paris,* ancienne maison Crapelet, imprimerie Lahure, 1853, in-12; 23 pages.

609. Note sur le Warton Club.

Athenæum français, 2e année, 1853, p. 1188.

610. Impression naturelle.

Note, sous forme de lettre, au rédacteur en chef de *la Lumière*, sur le procédé employé par Nicolas de la Hyre, botaniste, pour *imprimer* des plantes sur le papier.

La Lumière, n° du 22 septembre 1855.

611. [Billet du comte de Grignan à Mlle de la Charce, à Nions, recueilli parmi les autographes qui appartenaient à M. le marquis de Châteaugiron.]

Bibliothèque de l'École des Chartes, 4e série, t. II (1856), p. 191.

612. Dépenses des menus plaisirs et affaires de la Chambre du Roi pendant l'année 1677. Analyse d'un manuscrit de la Bibliothèque de Rouen, par M. Anatole de Montaiglon.

Journal général de l'Instruction publique, n^os des 17 et 20 juin 1857. — Tiré à part, sous le même titre, à 100 exemplaires; *Paris*, Dumoulin, 1857, in-8°; 14 pages.

613. Épître et huitain sur la mort de Louis de Berquin (1529).

Bulletin de la Société de l'histoire du Protestantisme français, onzième année (1862), p. 129-131.

614. Les Hérétiques ajournés par les gens du Roi, avec Pierre Caroli, Clément Marot, Mathurin Cordier, etc. 1534-1555.

Bulletin de la Société de l'histoire du Protestantisme français, onzième année (1862), p. 253-258.

615. « Agimus avoit gagné Père Éternel. » Que signifie cette locution?

Dissertation, sous forme de lettre, sur cette locution, citée par Bernard Palissy comme ayant été employée par les catholiques, lors de leurs violences à Saintes.

Bulletin de la Société de l'histoire du Protestantisme français, douzième année (1863), p. 242-248.

616. [Communication à la Société des Antiquaires de France, séance du 20 avril 1859, sur le traité *De artificiali perspectiva,* de Viator.]

Bulletin de la Société impériale des Antiquaires de France, 1859, p. 107.

617. [Note sur des prisonniers protestants en Barbarie (1644).]

Bulletin de la Société de l'histoire du Protestantisme français, t. XIII, 1864, p. 118.

618. Trois octaves ms. du XVe siècle, où ON a le sens de NOUS.

L'Intermédiaire, 1864, p. 63-64.

619. Quinot le curieux. Lettre à M. Paul Lacroix.

Note sur un personnage de ce nom, surnommé le Curieux à cause de son goût pour les arts, qui vivait à Troyes et qui mourut le 8 novembre 1701.

Revue universelle des Arts, 1864, p. 322-325.

620. Anagrammes, appellations et devises des anciens auteurs.

Article signé Anat. de M.
L'Intermédiaire, 1864, p. 287-288 et 350-351.

621. Les tailleurs pour femmes sont-ils antérieurs au XVIIe siècle?

L'Intermédiaire, 1867, col. 164.

622. De quoi; Bicêtre.

Note signée A. M.
L'Intermédiaire, 1869, col. 166-167.

623. Pendules et montres décimales.

L'Intermédiaire, 1869, col. 202.

624. Avoir du quibus, du conquibus.

Note signée A. de M.
L'Intermédiaire, 1869, col. 350.

625. Le Quatrain de la Violette. Deux questions à propos du cardinal d'Estrées.

Note signée A. M.
L'Intermédiaire, 1869, col. 390.

626. Monnaies de Henri V.

Note signée A. M.
L'Intermédiaire, 1869, col. 428.

627. Citations latines.

Note signée A. M.
L'Intermédiaire, 1870, col. 118.

628. Épitaphe du tombeau de Dante.

L'Intermédiaire, 1870, col. 119.

629. Épitaphe de Trivulce.

Note signée A. de M.
L'Intermédiaire, 1872, col. 257-258.

630. De qui est une parodie de la *Sémiramis* de Voltaire?

Note signée A. de M.
L'Intermédiaire, 1874, col. 261.

631. Quel est le sens du mot « cade » (cale ou calle)?

Note signée A. de M.
L'Intermédiaire, 1874, col. 313.

632. Galanterie française.

Note signée A. M.
L'Intermédiaire, 1874, col. 422.

633. La Tête de bronze de Henri IV, à l'Exposition de l'Union centrale au Palais de l'Industrie.

Article signé A. de M.
L'Intermédiaire, 1874, col. 710-712.

634. [Commentaires, signés A. de M., sur un état dressé par Pajou des statues enlevées du Louvre et transportées en divers lieux par les ordres de M. de Marigny.]

Nouvelles Archives de l'Art français, 1874-1875 [t. III], p. 365.

635. Vertus des pierres précieuses.

L'Intermédiaire, 1875, col. 89-90.

636. Deux questions sur « les Diaboliques ».

Note signée A. de M.
L'Intermédiaire, 1875, col. 285.

637. L'Ouverture de Turandot.

Note signée A. de M.
L'Intermédiaire, 1876, col. 413.

638. Raiseul.

Note signée A. de M.
L'Intermédiaire, 1877, col. 120-121.

639. Watelet et George Sand.

Note signée A. de M.
L'Intermédiaire, 1877, col. 213-214.

640. Le Gâteau de La Barre.

Note signée A. de M.
L'Intermédiaire, 1877, col. 214-215.

641. Gravure en relief sur cuivre.

Note signée A. de M.
L'Intermédiaire, 1877, col. 346-347.

642. « Villageois » dans Shakespeare.

Note signée A. de M.
L'Intermédiaire, 1877, col. 372-373.

643. Offys et Eschaques.

Note signée A. de M.
L'Intermédiaire, 1877, col. 410.

644. Inscriptions talismaniques.

Note signée A. M.
L'Intermédiaire, 1877, col. 471-472.

645. Louis XVI et la Guillotine.

Note signée A. de M.
L'Intermédiaire, 1877, col. 748-749.

646. Le Vol du Cabinet.

Note signée A. M.
L'Intermédiaire, 1877, col. 764-765.

647. Rovilius.

Note signée A. de M.
L'Intermédiaire, 1878, col. 23-24.

648. Patrons des corporations ouvrières (principalement à Paris).

Note signée A. de M.
L'Intermédiaire, 1878, col. 442-443.

649. Cadran solairiana [à Blois].

Note signée A. M.
L'Intermédiaire, 1878, col. 652.

650. « Je ne chante que pour Sylvie. »

Note signée A. de M.
L'Intermédiaire, 1878, col. 749-750.

651. Futaine de Courlavisse (*sic,* lisez Courlanisse).

Note signée A. de M.
L'Intermédiaire, 1879, col. 377 et 466.

652. « Hic tandem stetimus... »

Note signée A. de M., concernant un vers de Regnard.
L'Intermédiaire, 1880, col. 151.

653. Le Vrai Lieu de naissance de Cabanis.

L'Intermédiaire, 1880, col. 447-448.

654. Bâton à faire le lit.

Note signée A. de M.
L'Intermédiaire, 1881, col. 380.

655. « L'Ile de la Raison, ou les Petits Hommes. »

Article signé A. de M., sur une pièce de Marivaux jouée sous ce
titre en 1727.
L'Intermédiaire, 1882, col. 255-256.

656. Bonne bague.

Note signée A. M., sur la signification de cette locution.
L'Intermédiaire, 1882, col. 408-409.

657. Catalogue (*sic,* Catalogne). Rideau de boge.

Note signée A. de M., sur les étoffes ainsi appelées.
L'Intermédiaire, 1882, col. 633.

658. Toiles peintes.

Note signée A. de M.
L'Intermédiaire, 1883, col. 104.

659. Coville, fou de Henri II.

Note signée A. de M.
L'Intermédiaire, 1884, col. 271.

660. Huguenin du Mitand.

Note signée A. de M., concernant le nom de cette famille au XVIIIe
siècle.
L'Intermédiaire, 1884, col. 270.

661. Law-Blason.

Note signée A. de M., sur un blason facétieux du financier Law.
L'Intermédiaire, 1884, col. 308-309.

662. Mettre en veue le trian.

Note signée A. de M., sur une coquille typographique.
L'Intermédiaire, 1884, col. 346.

663. « Vous » substitué à « tu ».

Note signée A. de M.
L'Intermédiaire, 1884, col. 521-522.

664. Marque de J.-P. Mariette.

Note signée A. M.
L'Intermédiaire, 1885, col. 502.

665. Aurum Tholosanum.

Note signée A. M., concernant un adage latin cité par Rabelais.
L'Intermédiaire, 1885, col. 532.

666. Fourniture de glaces à M. Amelot.

Bulletin de la Société de l'histoire de Paris et de l'Ile-de-France, 1887,
14e année, p. 121-125.

667. Table alphabétique des noms des papes, avec le numéro
et les dates de leur pontificat. *Lisieux,* 1890, placard in-4
à 5 colonnes.

Signé et daté : « A. M., 4 NOV MDCCCXC. »

SONNETS ET POÉSIES

668. Chant arabe. *Niort,* Mousset, imprimeur, s.d. [vers 1849]; in-8 ; 2 pages non numérotées.

Signé Charles Robert.

669. Un Prologue de salon, par M. Anatole de Montaiglon. *Paris,* décembre 1855, in-8 ; 8 pages.

Tiré à 50 exemplaires.

670. *Soir d'été.* Paroles de M. A. de Montaiglon, musique de M. Albert L'Hoste. *Paris,* Gambogi, 1862, in-fol.

671. Ut nubes nebulæque. Janvier MDCCCLXIV.

Au verso du titre :

Hundred copies only
For private circulation.

Au premier feuillet :

A SON AMI PAUL CHÉRON

ANATOLE DE MONTAIGLON.

Paris, 28 novembre 1863.

Anno ætatis XXXIX.

In-8°; 16 pages, numérotées de vi à xv.

Au dos :

Fontenay-le-Comte (Vendée). Imprimerie de Pierre Robuchon.

672. L'Aubépine et le Marronnier de Sannois. Études d'après
la nature, par Anatole de Montaiglon. *Paris,* mars 1865,
in-8; 24 pages.

Au verso du titre, cette dédicace : « A mes amis Paul et Aimée
Chéron. » A la fin du volume, cette date : « 17 octobre 1851. »

673. Le Chant de mort du Chêne. Souvenir des côtes de
Vendée, par Anatole de Montaiglon. *Paris,* imprimerie
Jouaust, décembre 1865, in-8 de 18 pages.

Au verso du titre : « A mes amis Benjamin Fillon et Octave de Rochebrune. » La pièce principale est datée de mai 1864. — Page 17,
poésie intitulée : *Le Chemin de Braignard (Vendée)* : « Fontenay-le-
Comte, 7 septembre 1863. »

674. *Pendant que Polia, sur son balcon hautain...*

Sonnet imprimé en tête du tirage à part de l'article de Benjamin
Fillon : « Quelques mots sur le Songe de Poliphile », paru dans la
Gazette des Beaux-Arts de juin et juillet 1879; daté de Saint-Cyr-en-
Talmondais, 11 avril 1879.

675. François Rabelais, Tourangeau. *Tours,* XXV juin
MDCCCLXXX, in-4; 8 pages (non paginé).

Plaquette publiée à l'occasion de l'inauguration, à Tours, de la
statue de Rabelais, de Henri Dumaige. Elle contient un sonnet signé
Anatole de Montaiglon :

Ceux qui de Rabelais font un vieux faune ivrogne [1],

et un sonnet, également à Rabelais, de François Fertiault. En tête une

---

1. *L'Intermédiaire* du 10 août 1880 (col. 450-451) a reproduit le sonnet de M. de
Montaiglon, avec quelques commentaires signés C. R. (Charles Read), où il est
dit que ce sonnet avait été, en outre, imprimé au verso du menu du banquet donné
à l'occasion de la cérémonie d'inauguration. Enfin, le même sonnet a été réimprimé,
sous le n° 1, dans l'ouvrage intitulé: *Sept dizains de sonnets tirés de Rabelais.*
(V. le numéro suivant.)

Les derniers des discours
de Panurge à Pantagruel.
(Rabelais, livre II, chapitre IX)

« Per sacra, Deos et Deam,
Jam toties obtestatus
Fui Majestatem vestram,
Tristes edens ululatus,

« Ut, Magnifici Domini,
Tigna permoveat pietas,
Me tristem ex latebris
Per egestatis semitas.

« Sinite, quaeso, sinite
Prae, bone gigas inclyte,
Me Fata vocant abire,

« Quia venter Gamaliam,
Ejulans et immodicus,
Auribus festum carere. »

Anatole de Montaiglon

Samois, 4 novembre 1880.

gravure de la statue de Rabelais (par Ludovic Letrône), et, au verso du titre, cette dédicace :

A M. HENRI DUMAIGE

Ludovic LETRONE, Anatole de MONTAIGLON, François FERTIAULT.

676. Anatole de Montaiglon. Sept dizains de sonnets tirés de Rabelais. *Paris,* Rouquette, 1881, in-8; 78 pages.

En tête : « Le Vrai Portrait de Rabelais, grandissement de la chronologie collée ou coupée »; à la dernière page, l'ex-libris de M. de Montaiglon.

677. *Au son du bruit léger d'une jeune sandale...*

Sonnet imprimé en tête de l'ouvrage de Éd. de Beaumont : *L'Epée et les Femmes; Paris,* 1881, gr. in-8°.

678. Molière et Rabelais.

Sonnet dédié « à Monsieur Georges Monval ». — *Le Moliériste,* tome III, p. 291, n° 34, 1er janvier 1882. — Tiré à part à dix exemplaires.

679. Sonetti d'arte.

Eugène Delacroix. — Tableau central de la galerie d'Apollon au Louvre (septembre 1851).
Le Dolmen de la Chapelle-Vendômoise — A mon ami Alfred Didier
Dans une vieille cathédrale.
Balustrade d'un toit d'église. — A mon ami Ludovic Letrône (La Ferté-Bernard).
Crayon d'argent. — A M. Charles Éphrussi.
L'Hypnérotomachie. — A M. Benjamin Fillon.
Léonard et Rabelais [1]. — A mon ami Paul Chéron.
Michel-Ange. — A mon ami Jacques Leman.
Sur le portrait d'Erasme par Holbein. — A mon ami Benjamin Fillon.
Le Bâtiment de Thélème [2] (Rabelais, livre I, chap. LIII).

---

1. Ce sonnet a déjà été publié dans les *Sept dizains de Sonnets* tirés de Rabelais (voy. n° 676), p. 76.
2. *Id.,* p. 25.

Vitrail. — A Madame Suzanne de B.

Les Patenôtres de Panurge [1] (Rabelais, livre II, chap. XXI).

L'Arthémise de Jean Cousin.

La Mosaïque du portique dans le temple de la Bouteille [2] (Rabelais, livre V, chap. XXXVIII).

Le Pavé du temple de la Bouteille [3] (Rabelais, livre V, chap. XXXVIII).

Penetrabit. — A M. Édouard de Beaumont.

Les Trois Grâces de Germain Pilon (1851).

Sur un vieux tableau d'Hampton Court (1851).

François Mansart. — A mon ami Édouard Corroyer, architecte.

L'Escalier de l'hôtel de Beauvais (rue Saint-Antoine, à Paris). — A mon ami Jules Cousin.

A un ami paysagiste.

Ciel d'orage (La Motte, 1880).

Meryem. — A Madame Meryem H. (Souvenir du tableau de M. Merson.) (Salon de 1879.)

La Gitana, de Louis Boulanger (Salon de 1851).

Le Matin à la lisière du désert. — A mon ami Louis Gonse.

Le Fusi-Yama.

Les Fumeurs d'Ho-Kousaï.

Le But de l'art. — A mon ami Henry Havard.

Gazette des Beaux-Arts, 24e année, 2e période, t. XXV (1882), p. 401-423.

680. Les Jeunes... [sonnet].

Lyon-Revue, n° du 31 juillet 1883, p. 31.

681. Sur la mort d'Henri Conscience.

Sonnet daté du 22 septembre 1883, et signé A. de M.

Journal des Beaux-Arts et de la Littérature, n° du 22 septembre 1883.

682. Anatole de Montaiglon. Sonnets tourangeaux. *Tours,*

---

1. *Id.,* p. 55.
2. *Id.,* p. 70.
3. *Id.,* p. 71.

imprimerie Ernest Mazereau, septembre 1885, in-8; 8 pages non numérotées.

En traversant la forêt de Chinon. — Tours, 26 avril 1881.
Les Desmorennes. — A mon ami Félix Laurent. — 21 juin 1881.
Souvenir de la Roche (28 juillet 1881). — A M. Joseph Delaville le Roulx.
La Motte au Perche, 24 août 1881.
Les Têtards du bois de la Roche. — Logis, 4 octobre 1881.
Souvenir de l'Indre. — A Madame Delaville le Roulx. — Logis, 6 octobre 1883.
Crue de la Loire. — Grand-Martigny, 8 septembre 1884.

683. Anatole de Montaiglon. Les Sonnets de La Chaise. *Tours,* imp. Mazereau ; septembre 1885, in-8 ; non paginé (8 pages).

Au verso du titre, cette dédicace : *A mon ami Jules Guiffrey.* — ANATOLE DE MONTAIGLON.
Cette plaquette contient six sonnets :
Vernalia.
Après la tempête.
On jouit de la vie, on la croit éternelle.
Ce n'était pas un mal que de n'être pas né.
Deux frères, côte à côte, avaient vécu, lutté.
Le Bied.
Tous, sauf le dernier, daté de Paris, ont été écrits à La Chaise, entre le 7 et le 15 avril 1882.

684. A. de Montaiglon. Terzines et sonnets de France et d'Italie. *Blois,* imprimerie Marchand, 1885, in-8 ; 16 pages.

Per le nozze del signore Paolo Gastaldi, Torinese, e della signora Beatrice Delore, Parigina. 23 novembre 1884.
Impression à l'encre bleue. Encadrements rouges. Tirage sur papier rose.

En outre, M. de Montaiglon a suivi, comme commissaire
responsable, la publication de M. Paul Durand : *Monographie
de Notre-Dame de Chartres,* explication des planches, 1 vol.
in-4 dans la *Collection des Documents inédits, Paris,* 1881, —
et suit actuellement, en la même qualité, la publication de
M. Jules Guiffrey : *Comptes des Bâtiments du Roi sous le
règne de Louis XIV,* dans la même *Collection,* et celle de
M. Émile Raunié : *L'Épitaphier du Vieux Paris,* dans la collection de l'*Histoire générale de Paris.*

TABLE ALPHABÉTIQUE

Abbeville, 354, 355. — Artistes nés dans cette ville, 256, 237. — Église Saint-Wulfran, 224. — Musée, 31. — Société d'émulation, 224, 237.

Abecedario de Mariette, 3.

Abrégé de la vie des Peintres, par Alexandre, 70.

Académie de France à Rome, 10, 192.

Académie de Saint-Luc, 103.

Académie des Beaux-Arts, 583.

Académie des Bibliophiles, 490, 492, 505, 542.

Académie royale de peinture et de sculpture, 5, 6, 7, 8, 9, 312, 402, 434.

Achard, 96.

Achillini (Philotheo), 79.

Adolphe Lance, sa vie, ses œuvres, son tombeau (1875), 537.

Affaire Harmand, ex-bibliothécaire de la ville de Troyes (1873), 462.

« Agimus avoit gagné Père Éternel », 615.

Alexandre, auteur d'un *Abrégé de la vie des Peintres*, 70.

Alexis (Guillaume), 515.

Alfabeto della morte di Hans Holbein (1856), 484.

Aliénor (Eléonor d'Autriche, reine de France), 395, 396.

Aliscans, chanson de geste (1870), 468.

Alizard, peintre, 93.

Alphabet de la mort de Hans Holbein (l'), 483, 484, 485.

Amant (l') rendu Cordelier à l'Observance d'amours, 469.

Amateur de livres (l'), 464, 494, 560, 590.

Amboise (Indre-et-Loire), 327.

Amboise (Georges d'), cardinal, 450.

Amboise (maître), peintre, 94.

Amelot, 666.

Amé (Emile), 587.

Amiens, 356.

Amphitryonéide (l'), 466, 467.

Anciens Poètes de la France (Collection des), 468.

Anciens Textes français (Société des), 469.

Ancien Théâtre Français (l'), 482.

Anet (château d'), 357, 358.

Angers, 491, 494.

Angers, Société d'agriculture, sciences et arts, 598.

Annales du Bibliophile, du Bibliothécaire et de l'Archiviste, 517, 528.

Annibal, 335.

Annuaire de l'Académie des Bibliophiles, 542.

Annuaire de l'Architecte, 106.

Annuaire de la Société d'émulation de la Vendée, 578, 597.

Annuaire des Artistes et des Amateurs, 92.

Annuaire du Bibliophile, du Bibliothécaire et de l'Archiviste, 398, 399, 400, 515.

Annuaire général du département de la Seine pour 1860, 421.

Antiquaires de France (Société des). **V.** Bulletin, Mémoires.

Antiquaires de l'Ouest (Mémoires de la Société des). **V.** Mémoires.

Antiquités et curiosités de la ville de Sens (1881), 457.

Anvers, 360.

Arbellot (l'abbé), 591.

Arcachon (Gironde), 361.

Architecte (l'), revue de l'art de bâtir, 570.

Architecture (Exposition d'), 27.

Archives de l'Art français. — Première série. — 2, 3, 8, 60, 61, 78, 82, 95, 104, 106, 108, 110, 113, 115, 116, 117, 119, 137, 142, 143, 144, 145, 147, 150, 151, 160, 162, 163, 180, 183, 186, 188, 192, 193, 206, 208, 210, 212, 214, 221, 223, 225, 226, 227, 234, 236, 246, 253, 258, 260, 261, 262, 265, 276, 280, 287, 291, 293, 294, 296, 305, 306, 308, 311, 324, 325, 329, 331, 362, 368, 371, 394, 395, 404, 407, 415, 417, 435, 449, 453, 463, 552, 553, 554, 561.
    Deuxième série. — 4, 50, 51, 54, 76, 96, 111, 138, 139, 149, 153, 158, 175, 176, 184, 207, 211, 215, 216, 217, 224, 228, 238, 248, 250, 252, 263, 269, 271, 273, 274, 285, 302, 314, 316, 319, 322, 378, 384, 405, 413.

Archives (Nouvelles) de l'Art français, 7, 32, 73, 77, 81, 84, 85, 89, 90, 91, 94, 98, 102, 103, 105, 107, 126, 129, 135, 148, 164, 165, 169, 181, 182, 189, 195, 200, 201, 204, 205, 218, 239, 240, 241, 247, 249, 255, 259, 264, 268, 270, 272, 277, 281, 284, 295, 297, 312, 333, 379, 380, 381, 446, 461, 543, 634.

Arezzo, 232, 233.

Arles; tombeau de saint Césaire, 362.

Arnauldet (Thomas), 502.

Art au XVIIIᵉ siècle (Exposition de l'), 29.

Art pendant la Révolution (l'), 12, 534.

Art de terre chez les Poitevins (l'), par B. Fillon, 571, 572.

Art français (Archives de l'). **V.** Archives.

— *(Revue de l').* **V.** Revue.

— (Société de l'histoire de l'), 6, 10, 71, 353, 543.

— *(Bulletin de la Société de l'histoire de l').* **V.** Bulletin.

Artifex (sens du mot), 74.

Artiste (l'), 17, 34, 125, 307.

Asselineau (Charles), 114.

Assomption (l') de Prud'hon, 295.

Athenæum français, 15, 21, 38, 114, 133, 256, 334.

Aubusson (tapisseries d'), 380.

Audiat (Louis), 498.

Audran (Benoît), graveur, 499.

Audran (Claude), 95.

Aurum tholosanum, 665.

Auvergne (Martial d'), 469, 513.

Avaux (Félibien, sieur des), 353.

Avignon; retable de Saint-Dizier, 209.

« Avoir du quibus, du conquibus », 624.

B*** (Mᵐᵉ S. de), 510, 679.

Bagues du moyen âge, 339, 340.

Balechou (Jean-Joseph), graveur, 96.

Ballade sur la mode des hauts bonnets, 514.

Bandol (François de Boyer, seigneur de), 51.

Banier (général), 64.

Barbarie (prisonniers protestants en), 617.

Barre (la) (Seine), 640.

Barthélemy, poète, 532.

Barye (Antoine-Louis), sculpteur, 97.

Bassan (les), peintres, 72.

« Bâton à faire le lit », 654.

Baude (Henri), 513.

Beaumont (Edouard de), 677, 679.

Beaumont-le-Roger (Eure), 32.

Beaurepaire (Ch. de), 291.

Beauté-sur-Marne; château, 363, 364.

Beauvais; artiste né dans cette ville, 125.
    — Collection de M. de la Herche, 320. — Statue de Jeanne Hachette, 326.

Beaux-Arts (les), revue nouvelle, 177, 334, 410, 418, 429.

Begon (Michel), 50.

Bellay (Joachim du), 494.

Bellier de la Chavignerie (Emile), 308.

Benoît (Antoine), sculpteur en cire, 98
Bérard, 294.
Bernin (le cavalier), 85, 99.
Berquin (Louis de), 613.
Berthelot (Guillaume), sculpteur, 100.
Bertinet, médailleur, 101.
Béziers ; abbaye de Saint-Aphrodise, 365.
Biard (Pierre), sculpteur, 102, 428.
Bibliothèque de l'École des Chartes, 69,
    114, 140, 391, 467, 546, 561,
    562, 568, 569, 611.
Bibliothèque elzévirienne, 5, 465, 473,
    474, 475, 476, 477, 478, 482,
    569.
Bibliotières, 594.
Billy (Marie de), 381.
Blanc (Charles), 243.
Blois ; artistes nés dans cette ville, 140,
    257, 366. — Cadran solaire, 649.
    — (Vital de), écrivain du XIIIe siè-
    cle, 466, 467.
Boge (rideau de), 657.
Boileau (Jacques), peintre, 103.
Boilly (Jules), 84.
Boislisle (Arthur de), 381.
Boissieu (Jean-Jacques de), graveur,
    104, 105.
Bologne (François de), graveur, 178.
Bolonais (artistes), 79.
Bonaparte (Lucien), 90.
Bonberault (Benoist), sculpteur, 140.
Bonnassieux (Jean), statuaire, 326.
« Bonne bague », 656.
Bonnemare (Crommelin de), dessina-
    teur, 152.
Bonnin (Th.), 284.
Bontemps (Pierre), sculpteur, 106.
Boquet (Jean), médailleur, 107.
Bordeaux, 367.
Bordier (H.), 596.
Borghèse (Pauline), 123.
Bosse (Abraham), peintre, 108.
Boucher (François), peintre, 109, 110.
Boucher de Villiers, dessinateur de mé-
    dailles, 111.
Bouillon (Maison de), 372.
Boulanger (Louis), peintre, 112, 679.
Boulaye (Mme de la), 380.
Boulle (André), ébéniste, 113, 114.
Boulle (Pierre), 113.
Boulogne (Bois de), 442.
Boulogne (Louis de), peintre, 206.
Bouquinistes du Pont-Neuf, 400.

Bourbon (Georges), 388.
Bourdichon (Jean), peintre, 115.
Bourdigné (Charles de), 491.
Bourges ; artistes de cette ville, 76
Bourgogne (Marie de), 59.
Boyer (François de), 15.
Brèche (Jean), 176.
Bretagne (États de), 150.
Breux (Eure) ; église Saint-Germain, 368,
Brienne (comte de), 502.
Broche en argent, 347.
Brou (Ain) ; église, 271
Bruges ; musée de l'Académie, 33. —
    Vierge, de Michel-Ange, 242.
Brunet (Charles), 465, 506, 507.
Bruxelles ; musée, 34.
Bullant (Jean), architecte, 116, 117.
*Bulletin archéologique de l'Association
    bretonne*, 562.
*Bulletin de la Société de l'histoire de
    France*, 552.
*Bulletin de la Société de l'histoire de
    l'Art français*, 93, 131, 179, 282,
    357, 436, 543, 558.
*Bulletin de la Société de l'histoire de
    Paris*, 376, 394, 402, 411, 414,
    416, 427, 434, 518, 547, 593,
    666.
*Bulletin de la Société de l'histoire du
    protestantisme français*, 613, 614,
    615, 617.
*Bulletin de la Société des anciens textes
    français*, 546.
*Bulletin de la Société des Antiquaires de
    France*, 41, 42, 43, 44, 58, 62, 74,
    80, 100, 146, 176, 230, 242, 266,
    300, 336, 339, 344, 345, 347,
    349, 350, 351, 363, 364, 369,
    370, 373, 377, 382, 383, 393,
    420, 422, 424, 430, 447, 450,
    451, 452, 454, 455, 458, 511,
    516, 522, 523, 535, 536, 541,
    544, 596, 608, 616.
*Bulletin de la Société historique de Com-
    piègne*, 589.
*Bulletin du Comité des travaux histori-
    ques et scientifiques. Archéologie*, 11,
    48, 130, 340, 348, 354, 355, 602,
    604.
Buttet (Marie-Claude de), 200.

Cabanis, 653.
Cabinet du Roi, 111.

« Cade » (sens du mot), 631
Cadran solaire, 649.
Caffieri, sculpteur, 118,
Caia Evodia, Caii Evodii, 455.
Cailleau (Hubert), peintre, 118.
Calendrier des Confréries de Paris, 593.
Calliciencis (Antoine-Andreas), sculpteur, 120.
Callion, sculpteur, 121.
Calotte (régiment de la), 149.
Canova (Antonio), sculpteur, 122, 123.
Carcassonne, 16.
Carême, dessinateur, 124.
Caroli (Pierre), 614.
Caron (Antoine), peintre, 125.
Carteaux, peintre, 126.
Carvelle (Jean-Baptiste), peintre, 127.
Casani, sculpteur, 128.
Cassandre (statue de), 128.
Catalogne, 657.
Catalogue de la Bibliothèque de M. le comte Charles de l'Escalopier (1866-1867), 555.
Catalogue de la Bibliothèque de M. N. Yemeniz, 512.
Catalogue des livres et des dessins de feu M. Ad. Lance (1875), 530.
Catalogue général de la librairie française, 563, 565.
Catalogue raisonné de la Bibliothèque elzévirienne, 476, 477, 478, 579.
Cavin, peintre, 129.
Celebrated Hans Holbein's Alphabet of death, 485.
Cellini (Benvenuto), orfèvre, 138,
Chaise (La) (Loiret), 683.
Chambige (Martin), architecte, 130.
Chambre du Roi, 612.
Champaigne (Philippe de), peintre, 131, 132.
Chansonnier huguenot (le), 596.
Chansons, ballades et rondeaux de Jehannot de Lescurel (1855), 474.
Chant arabe, poésie (vers 1849), 668.
*Chant de mort du Chêne (le)… * (1865), 673.
Chantemerle (Marne), 369.
Charavay (Étienne), 84.
Charles V, 364,
Charles VII, 331.
Charles VIII, 78, 115, 262, 355, 487.
Charles IX, 144.
Chartier (Alain), 513.

Chartres; cathédrale, 308,
Chasseur bibliographe (le), 480, 481.
Châteaugiron (marquis de), 611.
Chauveau (Évrard), peintre, 512. — (François), graveur, 502. — (René, sculpteur, 135, 502,
— (Famille des), 134.
Chemin de Braignard (le), poésie, 673.
Chénier (André de), 510.
Chennevières-Pointel (Philippe de), 2, 3, 8, 71, 161, 257, 504, 561.
Cherbonneau, 460.
Chereau (Jean), architecte, 135.
Chéron (Aimée), 672.
— (Mlle), 85.
— (Paul), 309, 502, 563, 565, 672.
— (Paul) fils, 672.
Chevalier (Étienne), 195.
Cheverny (Cour-Cheverny, Loir-et-Cher); château, 257.
Chinard, sculpteur, 136,
Chotart (Michel), miniaturiste, 137.
Chronique des Arts et de la Curiosité, 200, 600, 601.
Cibo (cardinal), 62.
Citations latines, 627.
Clapasson (André), 384.
Claude de France, 106.
Claveyson (Drôme); château, 371.
Clélie (statue équestre de), 334.
Clesze (Bénédict), armurier, 138.
Clève (Corneille van), sculpteur, 139.
Cloistre (Martin), sculpteur, 140.
Clouet, 557.
Cluny; abbaye, 372.
Coello (Benoît), peintre, 141.
Collection Jannet-Picard, 479.
Colombel (Nicolas), 85.
Compiègne (Société historique de), 589.
Comput (documents inédits sur le), 608.
Concerts du Conservatoire, 607.
Conches (Eure), 373.
Confréries de Paris (calendrier des), 593.
Conscience (Henri), 681.
Conseil privé du Roi, 207.
Contes et Nouvelles de J. de La Fontaine… (1882 et 1883), 500, 501.
Conti (princesse de), 201.
Coquillart, 513.
Corboliolum, enseigne parisienne, 438.
Cordier (Mathurin), 614.
— (Nicolas), sculpteur, 282.
Corneille (Claude), 85.

Corneille (Pierre), 118, 524.

Corporations ouvrières, 648 ; — (Plaque de), 350.

Correspondance inédite de Maurice Quentin de la Tour, 603,

Corroyer (Edouard), 679.

Coste (Jean), peintre, 142, 143.

Costume féminin, 349, 621.

Coüard-Luys (Émile), 130.

Courses au bois de Boulogne, 442.

Court (Charles de), peintre, 144.

— (Jean de), peintre, 144.

Cousin (Jean), 145, 146, 679.

— (Jules), 404, 435, 679.

Coustou (Guillaume), sculpteur, 147.

— (Nicolas), sculpteur, 147.

Coville, fou de Henri II, 658.

Cowley (Abraham), poète anglais, 317.

Coypel (Antoine), peintre, 148.

— (Charles-Antoine), peintre, 149.

Coysevox (Antoine), sculpteur, 150, 151.

Crépet (Eugène), 513.

Créquy (marquise de), 507.

Crétin (Guillaume), 513, 517.

Croissy (Seine-et-Oise), 234.

Crommelin de Bonnemare, dessinateur, 152.

Curiositez de Paris (les), 401.

Curmer, 175.

Dangeau (marquis de), 504, 563.

Dangers (Jean), peintre, 153.

Dantan, statuaire, 154.

Dante, 628.

Daudet (Eugène), 8, 261.

David (Jacques-Louis), peintre, 155, 156.

— (Jules), 155.

Défi porté à Charles-Quint (le)... (1875), 489.

Delacroix (Eugène), 157, 679.

Delaroche (Paul), 275.

Delaville le Roulx (Joseph), 682.

— (Mme), 682.

Delignières, 31.

Delion (F.), 555.

Delisle (Léopold), 287.

Delore (Béatrice), 684.

Delorme (Jean), architecte, 158.

— (Philibert), architecte, 158, 159.

Demarne (Jean-Louis), 160.

De membris inter se conspirantibus (1848), 472.

Dépenses des menus plaisirs et affaires de la Chambre du Roi pendant l'année 1677... (1857), 612.

« De quoi, Bicêtre ? », 622.

Deruet (Claude), peintre, 161.

Deschamps (Eustache), 513.

Desgodets (Gabriel), peintre, 162.

— (Roboam), peintre, 162.

Deshoulières (Mme), 530.

Desjardins (Martin), statuaire, 163, 297.

— (Michel), pseudonyme de M. de Montaiglon, 564, 565, 566, 567.

Destailleurs (Hippolyte), 153.

Devosge, 293.

Diaboliques (les) [de Barbey d'Aurevilly], 636.

Diaz, 53.

Dictionnaire de l'Académie des Beaux-Arts, 583.

Dictionnaire des Architectes français, d'Ad. Lance, 557 bis.

Didier (Alfred), 679.

Dijon ; palais ducal, 374.

Discours de Panurge (les) dans le second livre de Rabelais (1877), 493.

Dobrée, 212.

Documents inédits sur le Comput (1853), 602.

Documents inédits sur Montaigne, par le docteur Payen, 568.

Dolopathos (li romans de), 465.

Don Pasquale, 606.

Douai ; artiste né dans cette ville, 286. — Mausolée de M. de Pollinchove, 279.

Douet d'Arcq (L.), 115, 331.

Doullens, 375.

Dourdan ; château, 376.

Droz (Jean-Pierre), 164.

Duclos, 110.

Dufour (l'abbé Valentin), 593.

Dufresnoy, 246.

Dughet (Jean), 287.

Dugourc, 165.

Duguesclin, 291.

Dumaige (Henri), statuaire, 675.

Dumas (Alexandre) fils, 508.

Dumonstier (Daniel), peintre, 166, 167, 168.

— (Étienne), peintre, 169, 170.

Dumont le Romain (J.), peintre, 499.

Duplessis (Georges), 50, 243.

Duprat (Antoine), 94.

Dupré (A.), bibliothécaire à Blois, 366.

— (Augustin), graveur en médailles, 171.

Durand (Germaine), 281.
Duroc (maréchal), 122.
Dusevel, 375.
Dussieux (Louis), 71, 134, 220, 504.
Duvivier, 8.

École des Chartes (thèses de l'), 69.
Écouen (Seine-et-Oise), 116.
Egger (Émile), 350.
Éléonor d'Autriche, reine de France (Aliénor), 395, 396.
Élomire hypocondre (l'), 525.
Épée et les femmes (l'), 677.
Éphrussi (Charles), 679.
Épigrammes latines, 83.
Ernou (le chevalier), peintre, 172, 173.
Escalopier (de l'), 536, 555.
Esther (histoire d'), 380.
Estrées (cardinal d'), 625.
Eugène IV, pape, 175.
Évangiles des Quenouilles (les) (1855), 478, 569.
Examen de quelques passages du Nouveau Testament, 528.
Exeter (Angleterre), 436.
Exposition de l'Union centrale, 633.

Fables de Florian (1882), 509.
Fabliaux (Recueil général et complet des) des XIIIe et XIVe siècles, 471.
Facéties de Poge, Florentin (les)... (1878), 487.
Faifeu (Pierre), 491.
Fail (Noël du), 523.
Faintises du monde (les), 515.
Famille de Ronsard (la), par Achille de Rochambeau, 515.
Farce de l'enfant mis aux lettres (1862), 480.
Farces de Marguerite de Navarre (les), 488.
Farces, moralités et mystères des XVe et XVIe siècles, 482.
Fau (Joseph), 54.
Fauconnier, 293.
Faunillane, ou l'Infante jaune, 110.
Faust (le) de Gœthe, 68.
Fauvel (roman inédit de), 472.
Favereau (Jacques), 424.
Favre, graveur de médailles, 174.
Félibien (André), 353.
Felletin (tapisserie de), 380.
Fertiault (François), 675.

Feuillet de Conches, 504.
Filarete (Antoine), 175.
Fillon (Benjamin), 7, 77, 84, 90, 107, 126, 129, 148, 150, 158, 164, 167, 182, 204, 205, 239, 240, 268, 272, 277, 595, 297, 380, 571, 572, 600, 601, 673, 674, 679.
Flamands (confrérie de), 89.
Fleury-en-Bière (Seine-et-Marne), 377.
Florence; église Saint-Laurent, 244.
Florian, 509.
Fontainebleau; château, 38, 378, 379.
— (Précis historique sur), 379.
Fontenay-le-Comte, 380.
Forbin (comte de), 32.
Fosse (Mlle de la), 611.
Fouquet (Jean), peintre, 175, 176, 195.
Fouquet (Nicolas), surintendant, 463.
Fournier (Edouard), 567.
Fragment d'un dialogue latin du IXe siècle entre Térence et un bouffon (1849), 464.
Fragment d'une farce imprimée par un poète bourguignon (1863), 481.
Fragonard (Honoré), 501.
Français (Jean), peintre, 177.
Franc-Archer de Cherré (le), 522.
Francia (Francesco), graveur, 178.
François Ier, 60, 61, 94, 106, 115, 138.
François Rabelais, Tourangeau (1880), 675.
Frauenholt (Jean-Frédéric), 328.
Frédégonde (tombeau dit de), 454.
Freudenberg (Sigismond), dessinateur, 507.
Froment-Meurice, orfèvre, 241.
Fulham (Angleterre), 436.
« Futaine de Courlavisse », 651.

Gabriel (les), architectes, 179.
Gadyer (Pierre), 180.
Galanterie française, 632.
Galères du Roi, 304.
Gand; musée, 35.
Garnier (Charles), 243.
Gastaldi (Paolo), 684.
Gaucher (Charles-Etienne), graveur, 181.
Gazette des Beaux-Arts, 12, 26, 27, 28, 187, 203, 219, 243, 313, 358, 389, 423, 457, 533, 539, 595, 674, 679.
Générat (Th.), 96.

Génes; artiste né dans cette ville, 3o3.
Gilbert, 535.
Giordano (Lucas), peintre, 72.
Giovani (Francesco di), peintre, 72.
Girardeau, 53o.
Girardon (François), sculpteur, 182, 183.
Girardot (baron de), 76, 208.
Girodet-Trioson, 184.
Gissey (Henri de), peintre, 166, 185.
Glaces, 666.
Gobert (Pierre), peintre, 186.
Godefroy (Denys), 64.
Gœthe, 68.
Gonse (Louis), 26, 243, 679.
Gouffier (Mme de), 204.
Goujon (Jean), sculpteur, 116, 187, 432.
Gourcy (comte de), 63.
Gourmont (Jean de), 85.
Goussainville (Seine-et-Oise); église, 381.
Gower (lord Ronald), 557.
Gravure (arrêté en faveur de la), 228.
    — (Expositions de), 18, 20, 21, 26.
    — sur cuivre, 641.
Grenoble, 77. — (Jacquet, dit), 199.
    — Musée, 36.
Grésy (Eugène), 463.
Greuze (J.-B.), 12, 188, 189, 190.
Grignan (comte de), 611.
Gringore (œuvres de), 477.
Grollier (marquise de), 191.
Gruyer, 48.
Guessard (Francis), 468.
Guide de l'acheteur en librairie et de
    l'amateur de livres, 564, 565, 566.
Guidi (Domenico), sculpteur, 192, 248.
Guiffrey (J.-J.), 98, 6o3, 683.
Guigue (Georges), 372, 394.
Guillaume (Eugène), 243.
Guillet de Saint-Georges, 7.
Guillotine, 645.
Guizot, 17.

Hachette (Jeanne); statues, 326.
Hacquin, restaurateur de tableaux, 186.
Halévy, 606.
Halifax, poète anglais, 317.
Hampton Court, 679.
Hanon (Pierre), architecte, 193.
Harcourt (Louis de Lorraine, comte d'),
    151.
Harlay (du), peintre, 194.
Harmand (affaire), 462.
Haut-Villers (Marne), 392.

Havard (Henry), 679.
Heliano (Ludovico), poète, 516.
Henri II, 81, 659.
Henri III, 144.
Henri IV, 144, 225, 417, 633.
Henri V (monnaies de), 626.
Hennin, 563.
Heptaméron (l') des Nouvelles de très
    haute et très illustre Marguerite d'An-
    goulême, reine de Navarre (1880),
    488.
Herche (de la), collectionneur, 320.
Hérelle (Charles), 1.
Héricault (Charles d'), 477.
Hersent, peintre, 195.
Heywood's Pardoner and Frere, 560.
Histoire de l'Art pendant la Révolution,
    par Jules Renouvier, 12, 534.
Histoire de Manon Lescaut et du cheva-
    lier des Grieux (1885), 508,
Histoire des Martyrs, 82.
Histoire des mœurs et du costume des
    Français dans le XVIIIe siècle (1878),
    507.
Hœnel, 511.
Holbein (Hans), 75, 483, 484, 485.
Houdon, sculpteur, 196, 197, 198.
Howard (Yorkshire), 557.
Hucher, 370.
Huguenin du Mitand, 660.
Huit Sonnets de Joachim du Bellay (1849),
    494.
Huygens, 502.
Hyie (Nicolas de la), botaniste, 610.

Ile de la Raison (l'), ou les Petits
    hommes, 655.
Imbert (Gaspar), émailleur, 366.
Imitation de Jésus-Christ, 595.
Impression naturelle, 610.
Industrie (l'), statue de Pradier, 289.
Intelligence (l'), 68.
Intermédiaire (l') des chercheurs et des
    curieux, 30, 36, 40, 52, 59, 66,
    67, 118, 120, 123, 124, 128, 152,
    174, 191, 194, 198, 245, 254,
    267, 279, 3o3, 310, 335, 337,
    342, 365, 367, 392, 408, 432,
    433, 438, 440, 442, 444, 445,
    519, 520, 521, 524, 527, 529,
    530, 532, 583, 590, 594, 605,
    618, 620, 621, 622, 633, 635,
    665, 675.

Inventaire général des richesses d'art de la France, 46, 47, 412.
Itxassu (Itsassou, Basses-Pyrénées). 351.
Ivoires, 343, 344.

Jack Jugler, 560.
Jacquet, dit Grenoble, sculpteur, 199.
Jacquin, 116.
Jamin (E.), 380.
Janet, peintre, 200.
Janséniste (quatrain), 528.
Jeaurat (Edme), graveur, 499.
Jocasta, 560.
Joliet, 293.
Jouin (Henry), 231, 232, 233.
Journal d'Alençon, 114.
Journal des Beaux-Arts et de la Littérature (de Belgique), 22, 23, 70, 72, 141, 328, 572, 681.
Journal du marquis de Dangeau (1854-1860), 504, 563.
Journal général de l'Instruction publique, 612.
Jouvenet (Jean), peintre, 201, 202.
Jovini, nom de potier, 336.
Juste (famille des), 203, 204.
— (Jean), sculpteur, 204.

Kalkbrenner, 55.

Lacombe (Paul), 403.
Lacordaire (A.-L.), 113.
Lacour (Louis), 492.
Lacroix (Jean de), tapissier de haute lisse, 205.
— (Paul), 448, 619.
— (T.), 443.
La Fontaine (Jean de), 500, 501.
La Fosse (Charles de), peintre, 206.
Lagrange (Léon), 324.
Lahondès (de), 229.
Lalanne (Ludovic), 462.
Lambron de Lignim, 253.
Lameire, 595.
Lance (Adolphe), 106, 135, 459, 537, 538, 557 *bis*.
Lancret (Nicolas), 207.
Landini (Taddeo), sculpteur, 448.
Laon (Colart de), peintre, 208.
Laperlier, 188.
Lasne (Michel), graveur, 166.
Lasteyrie (Ferdinand de), 539.

Latin themes of Mary Stuart (1855), 497.
La Tuillerie (de), 192.
Laurana (Francisco), sculpteur, 209.
Laurent (Félix), 46, 47, 682.
Laurent (Paul), 44.
Law, 661.
Lebel (Fremin), peintre, 210.
Le Brun (Charles), peintre, 85, 223, 246, 414.
Lebrun, expert, 90.
Leclercq de la Prairie, 45.
Lecomte, sculpteur, 211.
Le Conte (Jean), sculpteur, 291.
Ledieu (Alcius), 354, 355.
Le Flament (Jehannot), 212.
Légende joyeuse (la), ou Faictz et dictz joyeulx de Pierre Faifeu (1883), 491.
Le Grand (Léon), 409.
Leloir (Maurice), 503.
Leman (Jacques), 503.
Le Masson (J.-B.), 593.
Lemoine (François), peintre, 213.
Lemot (François), 214.
Lenoir (Alexandre), 551.
Lepage (Henry), 186.
Lepautre, 215.
Lépicié, graveur, 499.
Lépinois (E. de), 285.
Le Rat, graveur, 501.
Leroux (Jean), enlumineur, 216.
Leroux de Lincy, 488.
Leroy, 576, 591.
Le Saige (Jean), peintre, 217.
Lescot (Pierre), 218, 219.
Lescurel (Jehannot de), poète, 474.
Les Jeunes, sonnet, 680.
Lesueur (Eustache), 220-223.
Lesvignière (Pierre), sculpteur, 291.
Letrône (Ludovic), 423, 675, 679.
Lettres de la marquise de Créquy, 567.
L'Heureux (Pierre), imagier, 224.
Liesvelt (J. de), 489.
Lille, 574.
Livre (le), 540.
Livre (le) de Geta et de Birria, ou l'Amphitryonéide, 466, 467.
Livre (le) du chevalier de la Tour-Landry pour l'enseignement de ses filles (1854), 473.
Livre du sacre de Napoléon Ier, 605.
Livres d'heures, 195.
Lobel (de), peintre, 225.

Lochon (René), graveur, 226.
Logne (Jean), 530.
Loisel (Robert), sculpteur, 291.
Lomenius (Ludovicus-Henricus), comes Briennæ, 502.
Londres; British museum, 473, 482.
Longueville; prieuré, 291.
Lorraine (Charles, duc de), 505.
— (Louis de), 151.
Los Rios (R. de), graveur, 501.
Louis XI, 77, 115, 217.
Louis XII, 115, 263.
Louis XIII, 428, 429.
Louis XIV, 99, 150, 163, 166, 192, 228, 248, 263, 435.
Louis XV, 427.
Louis XVI, 367, 645.
Louvois, 215.
Loya (Espagne); abbaye, 383.
Luillier, 86.
Lumière (la), 39, 290, 610.
Lussant (Mathurin), orfèvre, 227.
Lyon, 82, 384, 385, 386. — (Artistes nés à), 75, 104, 151, 214, 250, 251, 270, 305, 312, 384.

Madrid (château de), au Bois de Boulogne, 180.
Magasin pittoresque (le), 514.
Magaud (Antoine), peintre, 570.
Magnès, ingénieur des Ponts et Chaussées, à Carcassonne, 16.
Maillard (Benoît), 394.
Malet, grand-vicaire de l'archevêque de Rouen, 528.
Manon Lescaut (Histoire de) (1885), 508.
Mansart (François), 228, 229, 679.
Mantegna, peintre, 230.
Mantz (Paul), 71, 243, 504.
Marchand (François), sculpteur, 106, 453.
Marchegay (Paul), 387.
Marcillat (Guillaume de), peintre-verrier, 231-233.
Marcy (Gaspar de), sculpteur, 234.
Mare (Tiburce de), graveur, 499.
Marforio, 523.
Marguerite d'Angoulême, 488.
Marguerite d'Autriche, 272.
Marguerites historiales (les), 217.
Marie d'Angleterre, 94.
Marie d'Anjou, 331.
Marie de Médicis, 253.

Marie Stuart, 497.
Mariette, 3, 237, 664.
Marigny (marquis de), 325, 634.
Marilhat, 56.
Marion (J.), 338.
Marivaux, 655.
Marot (Clément), 61, 614.
Marquise (la belle), de Corneille, 524
Marseille, 570.
Martial, graveur, 509.
Martonne (Alfred de), 604.
Massard (J.-B.), graveur, 235.
Matton, 261, 599.
Maumont (Jean de), 519.
Maurepas (recueil de), 486.
Maxe-Werly, 349.
Mayer (Joseph), 541.
Medicinum, 387.
Médicis (chapelle des), à Florence, 244
Mellan (Claude), 236, 237.
Mély (de), 301.
Mémoires de l'Académie de Reims, 573
Mémoires de la Société d'Agriculture, Sciences et Arts d'Angers, 598.
Mémoires de la Société d'Archéologie lorraine, 575, 580.
Mémoires de la Société d'émulation du Jura, 577, 586.
Mémoires de la Société de l'histoire de Paris et de l'Ile de France, 403.
Mémoires de la Société des Antiquaires de France, 397, 564.
Mémoires de la Société des Antiquaires de l'Ouest, 584.
Mémoires de la Société des Sciences, de l'Agriculture et des Arts, de Lille, 574.
Ménageot (François-Guillaume), 238.
Mercure (statuette de), 424.
Merlet (Lucien), 308.
Méryon (Charles), graveur, 239, 240.
Mesin (Mezin, Lot-et-Garonne). 387.
« Mettre en veue le trian », 662.
Mézières (Alfred), 243.
Michel-Ange, 242-245.
Mignard, 246-249.
Milanesi (Gaetano), 203.
Milanello (Mlle), 606.
Milius, dessinateur, 501.
Mimerei (Jacques), sculpteur, 250, 251.
Miracle de saint Nicolas, 518.
Mise au tombeau (la), du Titien, 313.
— de Varin, 320.

Mitand (Huguenin du), 660.
Moissac; abbaye, 338.
Moitte (Pierre-Etienne), graveur, 252.
Molière, 118, 503, 526, 678.
— *Moliériste* (le), 525, 526, 678.
Molinet, 513.
Monier (Jacques), peintre, 253.
— (Jean), peintre, 253.
Moniteur des Arts (le), 1, 18, 33, 35, 157.
Moniteur du Bibliophile (le), 283, 406, 531.
Monnaies de Henri V, 626.
Monnet, dessinateur, 501.
Montaigne (Michel de), 568.
Montereau (Pierre de), 254.
Montmorency; église Saint-Martin, 140. — (connétable de), 116. — (ducs de), 390. — (Guillaume de), 140.
Montreuil (Pierre de), 254.
Mont Saint-Michel (le), 389.
Monuments de l'histoire de France, de Hennin, 563, 565.
Monument du costume physique et moral de la fin du XVIIIe siècle... (1876), 506.
Monval (Georges), 678.
Morbio (Carlo), 84.
Moreau le jeune, dessinateur, 506, 509.
Moreau (J.-M.), 255.
Morghen (Raphaël), 257.
Mosnier (Jean), peintre, 256.
Mosselmann, 56.
Moulins; tombeau du duc de Montmorency, 390.
Muntz (Eugène), 84, 87.
Musées en général, 30-32. — dans l'ordre alphabétique des villes, 33-47. — Rédaction des livrets, 549.
Mystère inédit de saint Louis, 477.

Naïades, de Jean Goujon, 432.
Nantes, 150, 167.
Napoléon Ier, 256, 605.
Napoléon III, 323.
Narbonne; cathédrale, 391.
Nattier (Jean-Marc), 258.
Nicolay (Jean de), 381.
Niel (Jules), 168.
Nieuwerkerke (Comte Émilien de), 5.
Noailles (Mlle de), 98.
Nogent-sur-Marne (Seine), 365.
Nord (le), 154.

Notice biographique sur M. Jules Renouvier... (1863), 534.
Notice sur Adolphe Lance (1875), 538.
Notice sur M. de l'Escalopier (1863), 536.
Notice sur M. Gilbert (1863), 535.

Œuvres complètes de Gringore (1858-1877), 477.
Œuvres de Molière... (1882-1891), 503.
« Offys et Eschaques », 643.
Olivieri (Pietro-Paolo), statuaire, 38.
Oppenort (Gilles-Marie), architecte, 149.
Orieux, 443.
Orléans; artiste né dans cette ville, 140. — (Charles d'), 513. — (Gérard ou Girart d'), peintre, 143, 259. — (Jean d'), peintre, 208, 260.
Orneau (Jean), 85.
Oudry (J.-B.), peintre, 261.
Ouvrage de Semin, 345.
Ovilé [Haut-Villers, Marne], 392.

Paganino (Guido), sculpteur, 262-264.
Pajou, sculpteur, 121, 634.
Palissy (Bernard), 116, 265, 266, 267, 498, 615.
Pallue (Bernard de la), médailleur, 107.
Pamiers; cathédrale, 229.
Panizzi, 177.
Pannier (Léopold), 471.
Papes (liste des noms des), 667.
Papety, 57.
Papier au XIVe siècle, 348.
Papillon (J.-M.), 502.
Paris en général, 393-403.
Paris; Abbaye de Saint-Germain-des-Prés, 89, 210; — du Val-de-Grâce, 415.
— Académie de peinture et de sculpture, 5, 6, 7, 8, 9.
— Archives nationales, 10.
— Artistes nés dans cette ville, 137, 229, 291, 308.
Paris-Artiste, 49.
Paris; Bastille, 416.
— Bibliothèque de l'Arsenal, 154, 468; — Nationale, 3, 78, 84, 353, 464, 465, 467, 472, 474, 494, 497, 514. — Bibliothèques au XVIIe siècle, 398, 397, 400.
— Bourse (palais de la), 289.
— Boulevard des Capucines, 439.
— Café des Bains Chinois, 437.
— Cathédrale, 206, 408.

Paris; Confréries (calendrier des), 593.
— Conservatoire de musique, 607.
— Cours (le), 421.
— Couvent de l'Ave-Maria, 404; — des Carmes de la place Maubert, 405; — des Célestins, 193; — des Chartreux, 406, 407; — de l'Oratoire, 9; — des Quinze-Vingts, 409; — des religieuses du Calvaire, 431.
Paris dans sa splendeur, 425.
Paris; École des Beaux-Arts, 6, 22, 31, 71.
— Église Saint-Hippolyte, 89; — Saint-Julien-le-Pauvre, 411; — Saint-Laurent, 412; — Saint-Nicolas-du-Chardonnet, 414; — du Saint-Sépulcre, 430.
— Exposition de peinture en 1673, 13.
— Expositions et Salons, 13-29.
— Fontaine de la rue de Richelieu, 433; — des Innocents, 432.
— Hiver de 1481, 394.
— Hôtel de Beauvais, 679; — Carnavalet, 422, 423; — Colbert, 418; — de Nesle, 264; — de Scipion Sardini, 419, 420; — de Ville, 156, 502.
— Louvre (château du), 102, 225, 417, 634. — (musée du), 37, 41, 230, 286, 303, 679.
— Luxembourg (palais du), 137, 253, 326, 424, 425.
— Maison du Méridien, 441.
— Manufacture des Gobelins, 205, 435, 436.
— Palais de l'Industrie, 633.
— Place Royale, 144, 426, 428, 429; — des Victoires, 163.
— Plan de 1740, 402.
— Pont aux Meuniers, 397; — Neuf, 400.
— Porte Saint-Denis, 434.
— Prieuré de Saint-Martin-des-Champs, 413.
— Rue Chanoinesse, 440; — de Richelieu, 433; — de Rivoli, 441; — de Vaugirard, 431.
— Saint-Barthélemy (massacre de la), 82. — Sainte-Chapelle, 410.
— Tuileries (palais des), 117, 265, 266, 421.
Paris (Jehan de), 268.
Pâris et Hélène, dessin de Prud'hon, 392.
Parlement de Paris, 413, 417.

Passavant (J.-D.), 448.
Passion (la), de Stella, 309.
Passy (Louis), 248.
Pater (J.-B.), peintre, 499.
Paul (Jean), peintre, 269.
Payen (Docteur), 568.
Peinture (Académie de). V. Académie.
    — (Expositions de), 13-20, 26. — (Principes de la), 298.
Pelée, 293.
Pèlerin (Jean), dit le Viateur, 352, 616.
Pendules et montres décimales, 623.
Perier (François et Guillaume), peintres, 270.
Perreau (Jean-Anne), 531.
Pesne (Antoine), 273.
Perréal (Jean), peintre, 271, 272.
Petitot (Jean), peintre en émail, 274.
Petri (Henricus), 66.
Peutinger, 337.
Philémon (statue de), 100.
Picot, peintre, 275.
Pierres précieuses, 635.
Pigalle (Jean-Baptiste), sculpteur, 276.
— (Jean-Pierre), sculpteur, 276, 277, 278, 279.
Pilon (Germain), sculpteur, 280-281, 679.
Pilinski (Adam), 495.
Pisan (Christine de), 513.
Plessis-Bertrand (le), 167.
Poètes français (les), par Eugène Crépet (1861-1862), 514.
Poge (*Facécies de*), 487.
Poitiers; artiste né dans cette ville, 333.
Poitou et Vendée, 239.
Poliphile (songe de), 674.
Pollinchove (de), 279.
Porbus (François), peintre, 282.
Porro (Girolamo), graveur, 283.
Port-Fessard (Loire-Inférieure), 443.
Port-Royal, de Sainte-Beuve, 556.
Pot (Anne), 140.
Poucin (Jehan), maçon, 284.
Pourtalès (de), 292.
Poussin (Nicolas), 284, 285, 286, 287, 288, 309.
Pradier, statuaire, 289, 290.
Preces piæ, manuscrit des XIVe et XVe siècles, 512.
Privé (Thomas), sculpteur, 291.
Prologue de salon (un), poésie, 669.
Prométhée, opéra de Halévy, 607.

18

Propriété littéraire (la), 299.
Protestants (artistes), 82. — (prison-
niers) en Barbarie, 617.
Prud'hon (Pierre-Paul), peintre, 292-
295.
Psalmodi (abbaye de), 444.
Puget (Pierre), sculpteur, 463.
Puy-en-Velay (le), 487.

Quatrain de la violette, 625.
Quatre livres (les) *de maistre François
Rabelais* (1868-1872), 492.
Quentin de la Tour (Maurice), 603.
Quinot le curieux, 619.
Quinze joyes de mariage (les) (1857),
476.

Rabelais (François), 492, 493, 520,
521, 665, 675, 676, 678, 679.
Raimbeaucourt (Pierre de), miniaturiste,
296.
Raiseul, 638.
Rambouillet; tombeau d'Ad. Lance,
537.
Ramé (A.), 150.
Raon, sculpteur, 297.
Raphaël des fleurs (le), 191.
Raynaud (Gaston), 471.
*Raphaël d'Urbin et son père, Giovanni
Santi*, 448.
Read (Ch.), 113, 675.
Récamier (Mme), 136.
*Recherches sur la vie et les ouvrages de
quelques peintres provinciaux de l'an-
cienne France*, 161, 257.
*Recueil de chansons, satires, épigrammes
et autres pièces relatives à l'histoire
des XVIIe et XVIIIe siècles*, 486.
Recueil de poésies françaises des XVe *et
XVIe siècles* (1855-1878), 475, 489,
495, 514, 566.
*Recueil des réimpressions d'opuscules
rares ou curieux relatifs à l'histoire
des Beaux-Arts en France* (1854), 502.
*Recueil général et complet des fabliaux
des XIIIe et XIVe siècles*, 471.
Régent (le), 49.
Régiment de la Calotte, 149.
Regnard (Émile), 116.
Regnard, 652.
Reims, 445, 446, 573, 580.
René d'Anjou, 212.
Rennes, 150.

Renommée (groupe de Louis XIV et de
la), 163.
Renouvier (Jules), 12, 533, 534.
Reperdius (Georgius), peintre, 75.
Restif de la Bretonne, 506, 507.
Restout (Jean), 298.
Revue de l'Art chrétien, 346.
Revue de l'Art français, 16, 29, 65,
88, 97, 101, 121, 123, 127, 132,
136, 155, 156, 159, 171, 172,
173, 199, 202, 222, 231, 232,
233, 235, 251, 275, 278, 301,
305, 315, 318, 320, 321, 330,
372, 386, 409, 543, 603.
Revue des Deux-Mondes, 288.
*Revue des Sociétés savantes des départe-
ments*, 45, 63, 86, 87, 298, 338,
356, 359, 361, 366, 374, 375,
387, 388, 443, 459, 460, 573,
574, 575, 576, 577, 578, 580,
581, 582, 584, 585, 586, 587,
588, 589, 591, 592, 597, 598,
599, 602.
Revue du Lyonnais, 385.
Revue universelle des Arts, 14, 24, 25,
75, 79, 83, 99, 109, 134, 166,
178, 190, 196, 197, 213, 286,
309, 360, 390, 420, 441, 563,
565, 619.
*Réunions des Sociétés des Beaux-Arts des
départements*, 31, 229, 298, 327,
545, 548, 549, 559.
Ricciarelli (Daniello), sculpteur, 428.
Richard (J.-M.), 113, 348.
Richelet, 274.
Richelieu (maréchal de), 303.
Ring (Maximilien de), 443.
Riquier (Jean), peintre, 224.
Robbia (della), 299-300.
Robert (Anatole), pseudonyme de M. de
Montaiglon, 606, 607.
Robert (Charles), pseudonyme de M. de
Montaiglon, 1, 18, 19, 33, 35, 53-
57, 68, 112, 157, 288, 292, 323,
430, 668.
Robert (Nicolas), 85.
Robert (Ulysse), 84.
Robertus, vitrearius, 301.
Robolly, 96.
Rochambeau (Achille de), 585.
Rochebrune (Octave de), 239, 673.
Rochechouart, 591.
Rogeri (Roger de), 302.

Rolle (F.), 250, 384.
Roman comique de Scarron (le)...(1883), 499.
Romania (la), 470.
Romans (li) de Dolopathos (1856), 465.
Romant de Jehan de Paris (le), roy de France, 479.
Rombise, voyageur à Paris, 403.
Rome; Académie de France, 10. — Eglise Saint-Jean-de-Latran, 447. — Fontaine « delle Tartarughe », 448. — Musée du Capitole, 42.
Ronsard, 211, 519, 585.
Rothschild (James de), 475, 477, 489, 540.
Rouen; archevêché; grand-vicaire, 528. — Bibliothèque, 476, 612. — Cathédrale, 450. — Corporation des peintres, 449. — Église Saint-Herbland, 449. — Massacre de la Saint-Barthélemy, 82.
Rousseau (Jean-Jacques), 315.
Roussel; son livre sur le château d'Anet, 358.
Rovilius, 647.
Royaumont (Abbaye de), 151.
Ruiz (Jean), 520.

Saint-Barthélemy (la), 82.
Saint-Bohaire (Loir-et-Cher), 451.
Saint-Cloud (Seine-et-Oise), 452.
Saint-Denis; basilique, 106, 291, 453, 454.
Sainte-Beuve, 556.
Sainte Joanna, 408.
Saintes (Charente-Inférieure), 615.
Saint-Florent (Aisne), 455.
Saint-Gelais (Octavien de), 513,
Saint-Georges (Guillet de), 7.
Saint-Germain-en-Laye; château, 260.
Saint Grégoire le Grand (la Vie de), 470.
Saint-Luc (confrérie de), à Rouen, 449.
Saint-Père, 293.
Saint-Simon (duc de), 129, 504.
Salazar (Tristan de), 456.
Salmon (André), 115, 143.
Salons, 13-29.
Sand (George), 639.
Sandonnini, 187.
Sans-Souci (près Berlin), 52.
Saumur, 416.
Sauval, 264.
Savigny-en-Lyonnais; abbaye, 394.

Scarron, 499.
Schelandre (Jean de), 114.
Schiaffino (Andrea), sculpteur, 303.
Schilligheim (Alsace), 443.
Scotin (G.), graveur, 499.
Sculpture (Expositions de), 18, 19, 20, 21, 22, 23, 24, 26, 28, 29.
Sellier (Charles), 111.
Sémiramis (la), de Voltaire, 630.
Semonce faicte à Paris des coquus (la)... (1866), 490.
Senlis, 130.
Sennecé (Saône-et-Loire), 443.
Sens; cathédrale, 456. — Ville, 457.
Sept dizains de sonnets tirés de Rabelais (1881), 675, 676, 679.
Sermoise (Aisne), 458
Serre (Michel), peintre, 304.
Sevin (Pierre), peintre, 305.
Sèvres (Seine-et-Oise); musée céramique, 43, 338.
Shakespeare, 642.
Slodtz (Michel-Ange), 306.
Société... d'Agriculture, Sciences et Arts de l'arrondissement de Valenciennes, 582, 588.
Société Ramond, 351.
Soir d'été, poésie (1862), 670.
Soissons; Bibliothèque, 490, 511. — Cathédrale, 459. — Musée, 44, 45.
Solario (Andrea), 307.
Solas (Jehan), sculpteur, 308.
Sommariva (comte), 91.
Sonnets de la Chaise (les) (1885), 683.
Sonnets tourangeaux (1885), 682.
Soulié (Eudore), 71, 269, 504.
Stein (Henri), 409.
Stella (Claudine), graveur, 309. — (Jacques), peintre, 309.
Stockholm, 134.
Striedbeck, graveur, 310.
Surintendants des bâtiments, 10.
Surugue, graveur, 499.

Suzanne, poème biblique en six chants, d'André de Chénier (1883), 510.
Swebach, 311.

Table alphabétique des noms des papes... (1890), 667.
Tableaux (collections et ventes de), 48-57.
Tailleurs pour femmes, 621.
Talismaniques (inscriptions), 644.

140 TABLE ALPHABÉTIQUE

Tardif (Guillaume), lecteur de Charles VIII, 487.
Temps (le), 53, 202, 439, 606, 607.
Térence, 464.
Terzines et Sonnets de France et d'Italie (1885), 684.
Tessin (comte de), 110.
Testament politique du duc Charles de Lorraine... (1866), 505.
Théâtre (le), 19, 20, 47, 54, 55, 56, 57, 112, 185, 288, 292, 323, 326.
Thersites, 560.
Thierry (Jean), sculpteur, 312.
Tholosanum (aurum), 665.
Thomire (service de), 241.
Tipaza (Algérie), 460.
Toiles peintes, 658.
Toul ; chanoine, 352.
Tourneux (Maurice), 1, 603.
Tours ; Artistes nés dans cette ville, 108, 115. — Ecole des Beaux-Arts, 550. — Musée, 46, 47, 67. — Statue de Rabelais, 675.
Toussaint, sculpteur, 439.
Touzé, dessinateur, 501.
Traité historique de la peinture sur verre, par A. Lenoir (1856), 551.
Travaux de l'Académie impériale de Reims, 581.
Tremblay (Barthélemy), 314.
Trémoille (la), 592.
Tribolo (le), statuaire, 38.
Trinité (représentation en sculpture de la), 368.
Triumphe de haulte et puissante dame Verolle (le) (1874), 495.
Triumphe de haulte Folie (le) (1880), 496.
Trivulce (maréchal de), 629.
Trois cents portraits de personnages français, par Clouet (1875), 557.
Troyes. Artistes nés dans cette ville, 461 ; — Bibliothèque, 462. — Massacre de la Saint-Barthélemy, 82.
Turandot, 637.
Tutoiement, 663.

Union centrale des Beaux-Arts appliqués à l'industrie, 244, 633.
Ut nubes nebulæque (1864), 671.

Vacsen (Joseph), 270.

Valaperta, peintre, 315.
Valdor, 85.
Valenciennes, 119, 582, 588.
Valentin (Henri), graveur, 570.
Vallet (Pierre), brodeur du roi, 317.
Vallet de Viriville, 115, 208.
Vallière (de), 67.
Valori (Mᵐᵉ de), 190.
Van den Kerckove (Josse), teinturier aux Gobelins, 205.
Van Dyck, 317, 318.
Van Loo (Jacques), peintre, 319.
Varia, titre d'un recueil de poésies du XVIIᵉ siècle, 527.
Varin, peintre, 320.
Vario, 85.
Vasari, 175.
Vathek, roman, 529.
Vaudreuil (château de), 142, 143.
Vaux-le-Vicomte (Seine-et-Marne), 463.
Veniat ou Venjat, menuisier, 321.
Vensœus (le Vinci), 75.
Vénus (statue de), 60, 61.
Verceil, 516.
Verdier (Henri), peintre, 251.
Vernet (famille des), 322.
— (Horace), peintre, 323.
— (Joseph), peintre, 324-325.
Vernon (Eure) ; château, 284.
Versailles. Château ; salon d'Hercule, 213. — Parc, 187, 192, 248.
Viateur (Jean Pèlerin, dit le), 352, 616.
Vie de François Chauveau, graveur... (1854), 502.
Vienne (camée dit de), 58.
Vierge au coussin vert (la), 307.
— (Litanies de la), 343.
Vignes (Geoffroy des), sculpteur, 291.
Vignon (Claude), 85.
Villoiseau (Michel), évêque d'Angers, 359.
Villon (François), 513.
Villot (Frédéric), 293.
Vinci (le), 75.
— (Léonard de), 327.
Viridario (le), de Philotheo Achillini, 79.
Vital, Vitalis, écrivain du XIIIᵉ siècle, 466, 467.
Vital-Dubray, statuaire, 326.
Volpato, graveur, 328.
Voltaire, 198, 278, 630.
Vouet (Aubin), peintre, 329.
Vouet (Simon), peintre, 166, 329-330.

Vries (Adrien de), statuaire, 38.
Vulcop (Conrad de), peintre, 331.
— (Henri de), peintre, 331.
Waller, poète anglais, 317.
Warin (Claude), sculpteur, 250.
Warton Club (le), 497, 609.
Watelet, 639.
Weimar (cour de), 127.

Wheaton (Robert), 1.
Wille (Jean-Georges), 332.
Wurtemberg (prince de), 57.

Yemeniz (N.), 512.
Yvonnet, sculpteur, 333.

Zirphile et Acajou, 110.

NOTICE EXPLICATIVE DES PLANCHES

1. En face du titre : Portrait de M. de Montaiglon, gravé à l'eau-forte par M. Louis Muller.

2. A la suite de la liste des souscripteurs : la Porte de l'Hôtel Clisson, rue des Archives; entrée de l'École des Chartes à l'époque (1847-1850) où M. de Montaiglon était élève de cette École.

3. En face de la page 44 : la Grotte des Tuileries, de Bernard Palissy; fac-similé en héliogravure d'un dessin autrefois communiqué à M. de Montaiglon par M. H. Destailleurs (Cf. le n° 265).

4. Page 66 : la Place Royale, l'une des gravures de l'ouvrage : *les Curiositez de Paris,* mentionné sous le n° 401; le cliché en a été obligeamment prêté par les éditeurs. On sait que M. de Montaiglon habite depuis fort longtemps l'une des maisons de la place Royale (actuellement place des Vosges).

5. Page 121 : Fac-similé de l'écriture de M. de Montaiglon. Le sonnet a été publié dans les *Sept Dizains de sonnets tirés de Rabelais* (Cf. n° 676), p. 29.

6. Page 125 : Cul-de-lampe dessiné par Jacques Leman pour les *Œuvres de Molière* dont M. de Montaiglon rédige les *Notices* (Cf. n° 503). M. Émile Testard en a obligeamment autorisé la reproduction.

7. Page 141 : Ex-libris de M. de Montaiglon. La légende : *De jour en jour, en apprenant, mourant,* est la devise de Jean Bullant.

Il a été tiré, en outre, *exclusivement pour chacun des 183 souscripteurs au présent volume,* une épreuve du portrait de M. de Montaiglon, dessiné en 1856 par son ami Jacques Leman.

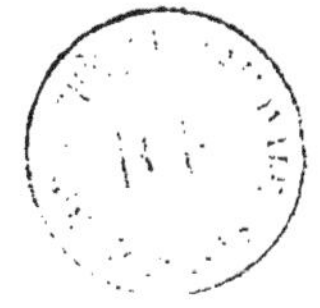

TABLE MÉTHODIQUE

Pages

BEAUX-ARTS.

Généralités (1-12). 1

Salons et Expositions (13-29). 5

Musées 8

   Généralités (30-32) 8

   Musées de villes (33-47) 8

Collections et ventes de tableaux (48-57) 11

Œuvres d'art en particulier (58-68) 12

Travaux sur les artistes en général (69-92) 14

Documents et notices biographiques sur les artistes (93-333) 18

ARCHÉOLOGIE.

Archéologie en général (334-353). 55

Archéologie et histoire locales (354-463) 58

HISTOIRE LITTÉRAIRE.

Éditions (464-510). 77

Dissertations. (511-532). 89

Notices nécrologiques (533-541) 93

Rapports et discours (542-550) 94

Rédaction de tables (551-559). 97

Bibliographie et comptes rendus critiques (560-605). . . 99

Pages

VARIA ET CURIOSITÉS (606-667) 109

SONNETS ET POÉSIES (668-684) 119

Table alphabétique des matières 127

Notice explicative des planches. 143

A PARIS

DES PRESSES DE D. JOUAUST

Rue de Lille, 7

M DCCC XCI

9 782014 433456